운명을 넘어 삶을 다시 쓰다

운명을 넘어 삶을 다시 쓰다

발행일	2025년 7월 11일
지은이	소성(蘇醒) 곽정희
펴낸이	손형국
펴낸곳	(주)북랩
편집인	선일영
편집	김현아, 배진용, 김다빈, 김부경
디자인	이현수, 김민하, 임진형, 안유경
제작	박기성, 구성우, 이창영, 배상진
마케팅	김회란, 박진관
출판등록	2004. 12. 1(제2012-000051호)
주소	서울특별시 금천구 가산디지털 1로 168, 우림라이온스밸리 B동 B111호, B113~115호
홈페이지	www.book.co.kr
전화번호	(02)2026-5777 팩스 (02)3159-9637
ISBN	979-11-7224-724-9 03190 (종이책)　　979-11-7224-725-6 05190 (전자책)

잘못된 책은 구입한 곳에서 교환해드립니다.
이 책은 저작권법에 따라 보호받는 저작물이므로 무단 전재와 복제를 금합니다.
이 책은 (주)북랩이 보유한 리코 장비로 인쇄되었습니다.

(주)북랩 성공출판의 파트너

북랩 홈페이지와 패밀리 사이트에서 다양한 출판 솔루션을 만나 보세요!

홈페이지 book.co.kr　•　블로그 blog.naver.com/essaybook　•　출판문의 text@book.co.kr

작가 연락처 문의 ▶ ask.book.co.kr
작가 연락처는 개인정보이므로 북랩에서 알려드릴 수 없습니다.

어둠을 딛고 희망의 빛으로 다시 써 내려간 영혼의 성장 이야기

운명을 넘어 삶을 다시 쓰다
Rewriting Life Beyond Destiny

소성蘇醒 곽정희 지음

북랩

프롤로그

인생은 누구에게나 공평하게 불공평하다. 우리는 저마다 다른 출발선에 서서 각기 다른 도구와 바람을 안고 살아간다. 그러나 그 불공평함 속에서도 우리에게는 한 가지 공통된 자유, 바로 '선택'이 있다. 주어진 환경을 원망하며 멈춰 설 것인가, 아니면 그 한계를 넘어 성장할 것인가. 이 책은 그 선택의 순간마다 내가 내딛었던 발걸음과 한계를 넘어선 여정에 관한 기록이다.

어린 시절, 나는 밤하늘의 별을 바라보며 조용히 속삭이곤 했다.
"나는 누구인가? 왜 이곳에 태어났는가? 이 고통의 의미는 무엇인가?"
삶에 대한 갈증은 나를 깊은 질문으로 이끌었고, 그 질문들은 내 인생의 나침반이 되었다.

여행사에서 시작해 무역회사, 영어 학원, 마케팅 리서치까지. 나는 여러 직업을 거치며 내 인생의 지도를 그려 나갔다. 미국 스포츠클럽에서 일하며 만난 다양한 사람들은 내 세계를 넓혀 주었고, 실패와 좌절 속에서도 긍정의 힘을 배우게 했다.

두 번의 대수술과 세 번의 교통사고, 불가능해 보였던 병마와의 싸움, 그리고 내 이마에 새겨진 마음 심(心) 모양의 상처. 이 모든 고통과 흔적은 나를 더 깊은 영적 탐구로 이끌었다. 그 상처를 마주할 때마다, 나는 삶의 본질을 더 진지하게 바라보게 되었다.

동서양의 종교와 철학을 넘나들며, 나는 내면의 빛을 찾아 헤맸다. 그러다 어느 순간, 나는 내가 온전한 창조물임을, 그리고 내 속에 우주가 들어와 있음을 깨달았다. 우리의 뇌는 은하계처럼 신비로운 연결망을 지니고 있다. 이 경이로운 일치는 우연이 아니다. 우리는 우주의 작은 일부가 아니라, 그 자체를 품고 살아가는 존재다. 이 인식이 바로 내가 찾아낸 영성의 핵심이다.

물질주의와 기술이 빠르게 발전하는 시대, 우리는 종종 가장 중요한 질문들을 잊고 살아간다. AI와 같은 첨단 기술이 모든 문제를 해결해 줄 것이라 기대하지만, 내가 경험을 통해 얻은 깨달음은 진정한 지혜와 통찰은 오직 내면에서 비롯된다는 사실이다. 영성 지능(SQ)은 바로 이 내면의 여정을 안내하는 나침반이다.

이 책은 내 영혼의 성장 이야기이자, 인간이 가진 무한한 가능성에 대한 탐구다. 고통과 상실, 사랑과 희망 그리고 무엇보다 영원을 향한 갈망까지. 모든 인생은 각자의 별을 찾아가는 여정이다. 당신의 별은 어디에 있는가? 그 별빛은 지금, 당신에게 무엇을 속삭이고 있는가?

차례

프롤로그_5

Chapter 1

인생의 깊은 어둠 속에서 빛나는 별을 발견하다_15
가난한 집에서 피어난 마법 같은 일들_19
사랑의 갈망이 일궈 낸 성장 이야기_25
이별이 가르쳐 준 존재의 의미_31
무모함이 열어 준 기회의 문_35
내가 발견한 진정한 재능의 숨겨진 의미_41

Chapter 2

끊임없는 도전으로 찾아낸 나만의 인생 지도_ 47

무의식적 재능이 불러온 예상치 못한 경쟁_ 52

무작정 떠난 미국행, 우연히 만난 인연_ 58

타국에서 만난 다양한 세계와 그리움_ 63

'똘기 있게, 낙천적으로' 살면 인생이 달라진다_ 69

의학적 한계를 넘어 불가능을 믿지 않기_ 75

한계를 넘어서는 희망의 여정_ 80

종교를 통해 영성을 탐구하다_ 85

동서양을 아우르는 영적 탐구_ 88

내 인생을 바꾼 세 번의 사고: 시련에서 발견한 삶의 목적_ 92

Chapter 3

진인사(盡人事)와 대천명(待天命)_101

팔자와 마음: 내가 선택할 수 있는 것_106

물질주의 시대 영적 각성: 현대인의 영적 갈망을 찾아서_111

혼란의 시대, 마음을 돌보는 길: 정신 건강과 인간성의 회복_118

만물의 영장, 그 의미를 다시 생각하다_123

영원을 꿈꾸는 인간, 우리는 왜 영생을 갈망하는가_128

우주와 인간, 그 신비로운 연결
: 당신이 만물의 영장이라는 진실_133

AI(인공지능) 시대의 영성: 인간 고유성의 재발견_139

AI 시대, 당신의 새로운 경쟁력은 '영성 지수(SQ)'다_143

Chapter 4

신의 설계도: 우주와 닮은 우리의 뇌_151

고통을 넘어서: 전두엽의 힘_157

르네상스 대가들이 본 인체와 우주의 신비_162

뇌 속에서 발견하는 영성: 과학과 초월의 만남_166

미래의 인간과 기술: 영성의 새로운 지평_170

플라톤의 동굴의 비유: 진실과 현실의 이해_175

다른 차원의 이해와 지각의 확장_180

새로운 관점으로 삶을 바라보기_184

우주의 신비와 과학자들의 깨달음_189

에필로그_195

인생의 깊은 어둠 속에서
빛나는 별을 발견하다

죽음의 문턱에서 시작된 생명

모든 인생의 시작은 기적이자 모험이다. 그러나 때로 그 시작은 고요한 축복이 아니라 격렬한 폭풍우처럼 다가온다. 내 생명의 첫 순간도 그랬다. 안양의 작은 산부인과에서 내가 세상에 나오던 날, 엄마는 제왕절개 수술 중 의사의 실수로 과다 출혈을 겪고 이틀간 의식불명에 빠졌다.

부산에 있던 삼촌들은 "여동생이 죽을지 모른다"는 급박한 전화를 받고 한걸음에 달려왔고, 아빠와 이모는 병원 복도를 오가며 절박한 시간을 보냈다. 그때 나는 인큐베이터 안에서 홀로 첫 숨을 내쉬고 있었다. 내 생명의 시작은 엄마의 생명을 위협하는 위기와 맞닿아 있었다.

여러 해가 지난 뒤, 엄마는 그때의 경험을 들려주었다.

끝없이 이어지는 빛 속을 걷고 걸어가다 보니, 한 번도 본 적 없는 아름다운 꽃들로 가득한 곳에 도달했다고 했다. 마치 천국에 와 있는 듯 황홀한 그 순간, 이미 세상을 떠난 할아버지가 나타나 말을 건넸다고 했다.

"네가 올 때가 아니다. 빨리 돌아가라."

그 한마디에 엄마는 죽음의 문턱에서 되돌아왔고, 우리 가족은 기적처럼 다시 일상을 맞이할 수 있었다.

두 집 사이에서 소속감의 부재와 서러움

연년생으로 세 아이를 낳은 엄마의 건강은 좋지 않았다. 그래서 나는 자연스럽게 이모네 집에 자주 맡겨졌다.

'엄마가 나 때문에 죽을 수도 있었다.' 이 사실은 어린 내 마음 한구석에 그림자처럼 남아 있었다. 평범한 아이들처럼 가족의 축복 속에 태어나지 못한 건 슬프지 않았다. 하지만 나의 시작이 엄마의 마지막이 될 수도 있었다는 생각은 오래도록 나를 괴롭혔다.

엄마는 퇴원 후에도 계속 통원 치료를 받아야 했다. 그런 엄마 곁을 떠나는 건 어쩔 수 없는 선택이었다. 이모는 나를 많이 아꼈다. 여동생이 죽음을 무릅쓰고 낳은 첫 조카라서 더 각별했을지도 모른다. 하지만 나는 환영받는 존재는 아니었다. 사촌 언니들이 세 명이나 있었고, 그들에게 나는 부담스러운 존재였다. 버스를 타면 멀미로 자주 토했다.

"엄마는 왜 쟤를 데리고 다니는 거야? 왜 쟤가 우리 집에 와서 사는 거냐고?"

버스 안에서 사람들이 "아니, 저 아줌마는 왜 저렇게 애들을 많이 낳았대~"라고 비아냥거릴 때 언니들은 "너만 없었어도 이런 말 듣지 않았을 텐데."라며 짜증을 냈다. 이모는 그런 내가 언니들에게 미움받을까 봐, 또 내가 속상해할까 봐 늘 걱정했다.

그렇게 나는 이모네 집과 우리 집을 오가며 지냈다. 엄마가 그리웠고, 이모가 잘 챙겨 줘도 마음 한구석에는 늘 서러움이 남아 있었다.

별빛 아래 눈물

공주에서 사범대학을 나온 첫째 언니가 처음 부임한 학교의 여름 방학을 맞아, 언니들과 함께 큰언니가 하숙하는 집으로 놀러 갔다. 그때 내가 국민학교 6학년쯤 되었는데, 도착한 바로 다음 날 아침

처음으로 초경이 시작됐다. 놀라고 당황한 나는 괜히 언니들에게 혼날까 봐 아무 말도 못 하고 아픈 배만 움켜쥐고 있었다. 그러다 옷에 피가 묻었고, 둘째 언니는 "칠칠치 못하게 옷에 피를 묻혔다"며 잔소리를 했다. 그날 밤, 언니들이 모두 잠든 사이 나는 혼자서 별을 바라보며 하염없이 울었다. 엄마가 너무 보고 싶었다. 너무 그리워서, 아니, 너무 서러워서 눈물이 났다.

> **생각해 보기**
>
> ■ 당신의 인생에서 가장 깊은 결핍은 무엇이었나?
> ■ 아픔과 상처가 오히려 당신의 삶에 빛이 된 순간이 있었는가?
> ■ 당신이 지금 어둠 속에서 바라보고 있는 희망의 별은 무엇인가?

깨달음 한 조각

결핍은 우리 삶의 어두운 밤하늘이지만, 그 어둠이 깊을수록 별은 더 밝게 빛난다. 우리가 경험한 상처와 부재의 아픔은 단절이 아닌 연결의 다리가 되어, 같은 고통을 겪는 이들을 위로하는 별빛이 된다. 삶의 가장 깊은 골짜기에서 발견한 내면의 빛은 우리를 더 강하고 깊은 인간으로 만들어 준다. 당신의 결핍과 아픔도 언젠가는 누군가에게 희망의 빛이 될 것이다.

가난한 집에서 피어난
마법 같은 일들

화상의 기억과 엄마의 치유

세 살 때 엉금엉금 기어서 문지방을 넘다가 끓고 있던 미역국을 엎었다. 얼굴에 크게 화상을 입었고, 의사는 평생 흉터가 남을 거라고 단정했다. 화상 위에 붙인 거즈가 잘 떨어지지 않아 나는 기절할 듯 울었다. 의사가 무리하게 떼려 하자, 엄마는 의사를 밀치며 소리쳤다.

"이러면 내 딸 얼굴에 상처가 나잖아. 애 얼굴에 무슨 짓을 하려는 거야!"

엄마는 울고 있는 나를 들쳐 업고 병원을 나섰다. 논길에서 소주를 마시던 할머니가 엄마를 보고 자초지종을 물었다. 그러더니 마시던 소주병을 건네며 말했다.

"애기 얼굴에 조금씩 부어 봐. 그럼 떨어질 거야."

그날 밤, 내 얼굴에 달라붙었던 거즈는 거짓말처럼 떨어졌다.

거즈를 떼고 나니 얼굴은 발갛게 부어 있었고, 쭈글쭈글했다. 딸의 얼굴에 평생 화상 자국이 남을까 봐 엄마는 밤새 잠을 이루지 못했다. 수소문 끝에 간호사 시절 병원에서 함께 일했던 독일 의사를 떠올렸다. 그는 엄마의 편지를 받고 며칠 뒤 하얀 가루약을 보내 주었다. 엄마는 그 약을 꾸준히 내 얼굴에 뿌려 주었다. 나는 가려움에 얼굴을 긁지 않으려고 팔이 묶인 채 지내야 했고, 엄마와 아빠는 번갈아 가며 나를 돌봐야 했다.

다행히 얼굴에는 흉터가 남지 않았다. 평생 트라우마로 남을 뻔했던 화상의 상처는 그렇게 사라져 갔다.

특별한 능력을 가진 엄마

엄마는 남다른 능력을 가진 사람이었다. 침술과 사주풀이에 능했고, 이웃분들이 집으로 찾아와 궁금한 것들을 묻곤 했다.

"남편은 언제 취업이 되나요?"
"몇 년째 병환 중인 시어머니는 언제쯤 나을까요?"

그럴 때마다 엄마는 마치 미래를 보고 온 사람처럼 걱정하지 말라고 했다.

"걱정하지 마. 남편은 2년 후에 교수가 될 거야."

"그 집 시어머니는 3년 안으로 돌아가실 거야."

거침없는 엄마의 말에 아주머니들은 알겠다고 돌아갔다가 얼마 지나지 않아 어김없이 선물을 싸 들고 다시 찾아왔다.

"아주머니 덕분에 우리 남편이 취업을 했어요."
"시어머님 마지막을 잘 준비할 수 있게 해 주셔서 감사합니다."

엄마는 찾아오는 사람들에게 돈을 받지 않았다. 도움을 줄 수 있다는 사실만으로도 엄마는 충분히 기뻐했다. 엄마는 침을 잘 놓았다. 중풍으로 고생하던 앞집 아주머니가 완쾌된 뒤 "덕분에 내가 사람 노릇 하게 되었어요."라며 치료비를 내밀었지만, 엄마는 마음만 받겠다고 했다.

그래서 매일 아침이면 작은 집 앞마당에는 사람들로 북적였다. 엄마의 따뜻한 마음이 이웃들에게 전해진 결과였다.

영적 세계를 보는 눈

엄마는 영적 세계를 보는 특별한 눈을 가지고 있었다. 앞집에서 만화방을 운영하던 오빠가 화재로 갑작스럽게 세상을 떠난 날, 엄마는 병원에서 돌아오며 그 오빠가 병원 계단을 내려오는 모습을 보았다고 했다. 오빠는 엄마에게 전해 달라는 말을 남겼고, 엄마는 그것을 그대로 그의 어머니에게 전했다.

또 친구의 시어머니 임종 시간을 정확히 예견한 일도 있었다. 아들 둘이 목사와 장로였던 그 집에서, 살아 계신 모친의 임종 시간을 미리 말하는 엄마에게 가족들은 믿기 어렵다며 화를 냈다. 그러나 엄마가 말한 시간에 정확히 숨을 거두자 모두 놀라워했다. 이런 일들은 엄마에게는 그저 일상이었다.

어느 날은 제사를 지내는 집에 들어가, "이 집에 엄마가 둘이야. 밥 하나 더 올려놔요. 두 분이 서로 싸우고 있네."라고 말하기도 했다. 알고 보니 그 집에는 낳아 준 어머니와 길러 준 어머니, 두 분이 계셨던 사연이 있었다.

엄마는 귀신이 보이고, 꿈에 알지 못하는 사람들이 나타나 말을 전해 주는 일이 반복되자, 때로는 무섭고 싫다고 털어놓았다.

나의 슈퍼우먼

"오늘은 네가 입고 싶은 옷 다 사 줄게."

친구분으로 보이는 아주머니의 집에 들어서서 한쪽 방의 문을 열자, 산처럼 쌓인 옷더미가 금방이라도 쏟아질 듯했다. 그곳은 미국에서 온 헌 옷을 쌓아 두고 파는 구제 옷 가게였다. 나는 신이 나서 옷더미 위로 뛰어 올라가, 보물찾기를 하듯 옷을 골랐다. 다음 날 학교에 입고 가니 친구들은 예쁘다고 난리였다.

시험을 잘 보거나 특별한 일이 있을 때면, 엄마는 가끔 그 보물 창고로 나를 데려가 주었다. 내게는 신데렐라의 요정보다 더 멋진 엄마가 있었다. 피아노를 치고 싶다 하면 엄마는 오래된 풍금을 구해 왔고, 친구들과 빙판에서 스케이트를 타고 싶다 하면 내 발에 딱 맞는 중고 스케이트를 구해 왔다.

존경하는 인물을 쓰라고 하면 이순신 장군보다 '엄마'가 언제나 1순위였다. 엄마의 에너지와 지혜는 가난을 잊게 만들었다. 외할머니와 함께 다섯 식구가 옹기종기 모여 살던 그 작은 단칸방은 대궐보다 따뜻했고, 헌 옷들은 명품보다 훌륭했다. 엄마의 대가 없는 사랑과 치유는 가난을 잊게 했고, 내 마음을 누구보다 부유하게 만들어 주었다.

> **생각해 보기**
>
> ■ 물질적 가난 속에서도 마음의 풍요로움을 느꼈던 순간이 있었는가?
> ■ 어려운 상황에서도 당신에게 마법 같은 순간을 선물해 준 사람이 있다면 누구인가?
> ■ 눈에 보이지 않는 영적인 세계나 직관에 대해 당신은 어떤 경험이나 생각을 가지고 있는가?

깨달음 한 조각

진정한 부유함은 지갑의 두께가 아닌 마음의 깊이에서 비롯된다. 가난한 환경 속에서도 사랑으로 일상의 기적을 만들어 내는 이들의 능력은 어떤 부(富)보다 값진 선물이다. 우리 주변의 평범해 보이는 사람들이 지닌 특별한 능력과 보이지 않는 세계를 향한 열린 마음은 삶을 더욱 풍요롭게 만든다. 기적은 특별한 날이 아닌, 평범한 일상을 특별하게 바라볼 줄 아는 사람에게 매일 일어난다.

사랑의 갈망이 일궈 낸
성장 이야기

어려웠던 가정의 풍경

아버지는 다정하고, 유머가 넘쳤으며, 친구들에게 인기도 많았다. 가족 여행이나 모임이 있을 때면 아버지는 늘 우리 곁에 머무르지 않았다. 친구들과 그 가족들을 챙기느라 바빴기 때문이다. 그렇게 사람을 좋아하던 아버지는 가까웠던 이들에게 사기를 당한 뒤 큰 상처를 입었고, 그때부터 술에 의지하게 되었다.

어렵게 직장을 구했지만 여섯 식구의 생계를 책임지는 일은 언제나 엄마의 몫이었다. 엄마는 일에 치이고, 동생들을 돌보느라 늘 바빴다. 자연스럽게 나는 혼자서 선택하고, 결정하고, 움직여야만 했다.

어린 마음에 사랑받고 싶다는 갈망이 컸지만, 그 갈망은 오히려 나를 더 단단하게 만들었다. 누군가의 보살핌 없이도 스스로 길을 찾아야 했던 시간들이, 결국 내 성장의 밑거름이 되었다.

별빛 아래 대화

초등학교 2학년, 교회에 걸린 현수막이 눈에 들어왔다. '친구이신 예수님은 당신을 사랑합니다.'

"예수님이 친구라고? 내가 친구가 될 수 있을까?"

밤하늘에 가장 밝게 빛나는 별을 보며 그 별이 예수님이라고 믿었다. 그래서 그날 있었던 일들을 별에게 속삭이며, 예수님과 무척 가까워지는 기분이 들었다. 매일 저녁 술에 취해 귀가하는 아빠를 기다리며 밤하늘의 별을 바라보고 기도했다.

"아빠가 술을 많이 안 먹고 오게 해 주세요. 그럼 예수님 만나러 갈게요."

그렇게 별빛 아래에서 예수님과 대화하며, 마음속 소원을 빌었다.

그러던 어느 일요일, 나는 용기를 내어 집 앞 교회의 문을 두드렸다.

떨리는 순간, 무대에 서다

"너 혼자 왔니? 부모님은? 언니, 오빠는?"

어리둥절해 있던 나를 맞아 준 건 전도사님이었다. 혼자 오는 내가 안쓰러웠는지, 전도사님은 다른 아이들보다 나에게 더 많은 관심을 주었다.

어느 날, 교회에서 열리는 '동화구연대회'에 나가 보자고 권하셨다. 그림 그리기를 좋아했던 나는 〈아담과 하와〉 이야기를 도화지 위에 그려 넣었고, 회당 안을 가득 채운 신자들 앞에서 이야기를 시작할 때, 참가자 중 내가 가장 어렸다.

그날도 엄마는 일하러 가야 해서 오지 못했다. 나는 맨 앞줄에 앉아 있던 전도사님만 바라보며 이야기를 이어 갔다. 너무 떨려서 사람들이 크게 웃는 소리도, 내가 대상으로 호명될 때의 박수 소리도 제대로 들리지 않았다.

내 덩치보다 큰 학용품 세트를 상으로 받고 가장 먼저 떠오른 사람은 엄마였다. 엄마에게 이 기쁨을 꼭 전하고 싶었다.

말 없는 사랑의 언어

생계를 위해 늘 바쁘셨던 엄마는 살갑게 표현하거나, 안아 주거나, 손을 잡아 주는 일이 어색한 분이었다.

성적표가 나오던 날, "낙엽은 우수수 떨어지고, 양갓집 규수만 남았구나." 하시며 훗날까 걱정하는 나를 데리고 시장에 가셨다.

엄마는 내가 좋아하는 찐빵도 사 주고 과자도 사서 집으로 돌아오는 길 내내 아무 말이 없었다.

"엄마, 화났어? 나 공부 못해서 속상해?"
"네가 먹고 싶은 걸 못 먹어서 공부 못하는 걸 어쩌겠니? 실컷 먹고, 다음에 잘하면 되지."

나를 믿어 주는 엄마가 고마웠고, 괜히 미안했다.

경계 없는 상상의 놀이터

공부보다는 친구들과 노는 게 더 좋았다. 나는 엄마의 바바리코트를 걸치고, 아빠의 파이프 담배를 몰래 들고 나와 셜록 홈즈 흉내를 내곤 했다. 범인을 잡겠다며 지붕 위를 뛰어다니고, 긴 머리는 모자 속에 감췄다. 얌전해 보여야 한다는 엄마의 말에 치마를 입고 나왔지만, 그 속엔 꼭 반바지를 챙겨 입었다. 동네 오빠들과 야구 시합을 하러 나갈 때를 대비해서였다.

학교 앞에 있던 김포공항은 또 다른 놀이터였다. 파란 눈에 거인처럼 생긴 외국인들은 늘 신기했다. 굉음을 내며 하늘을 나는 비행기를 바라보는 것도 정말 최고였다. '비행기를 타고 다른 나라에 가면 얼마나 멋질까?' 상상의 나래를 펼치던 그 시간이 정말 좋았다.

생각해 보기

- 당신이 어린 시절 결핍 속에서 발견한 가장 소중한 보물은 무엇인가?
- 힘든 상황에서도 꿈을 꾸고 상상력을 발휘했던 경험이 있다면 어떤 것이 있는가?
- 당신의 어린 시절 꿈은 현재의 삶에 어떤 영향을 미치고 있는가?

깨달음 한 조각

결핍은 상상력의 토양이 된다. 어린 시절의 부족함은 우리를 실망시키기보다 더 넓은 세계를 꿈꾸게 하는 창문이 되곤 한다. 공항에서 비행기를 바라보며 꿈꾸었던 그 순간처럼, 우리의 갈망은 종종 가장 창의적인 상상력의 원천이 된다. 어려운 환경 속에서도 스스로 선택하고 결정하는 법을 배우는 것은 인생의 가장 귀중한 성장이다. 당신의 결핍과 상처는 약점이 아닌, 더 넓은 세계로 나아가는 날개가 될 수 있다.

이별이 가르쳐 준
존재의 의미

예상치 못한 이별들

고등학교 시절, 아침 자율 학습 시간에 다른 친구들이 영어와 수학 문제를 풀 때, 나는 시를 쓰고 그림을 그렸다. 창밖으로 내리는 비를 바라보는 게 좋았다. 어느 날 담임 선생님이 나를 교무실로 불렀다. 혼을 내는 대신 시인이었던 국어 선생님에게 나를 소개해 주었다. 비가 내리는 풍경을 보며 마음에 떠오르는 느낌을 글로 옮기는 건 즐거웠지만, 두꺼운 이론서를 공부하고 과제를 내는 일은 힘들어했다.

팝송을 좋아했던 나에게 영어 선생님은 가끔 칠판 앞으로 나오게 해 친구들에게 팝송을 가르치게 했다. 마치 선생님이 된 것처럼 칠판 가득 〈Dust in the Wind〉의 가사를 쓰고 한 줄 한 줄 해석하며 수업을 이끌었다.

그러나 어느 날, 나를 아껴 주시던 담임 선생님이 간암으로 세상을 떠났다. 얼마 지나지 않아 영어 선생님도 오토바이 사고로 젊은 나이에 생을 마감했다. 당시 영어 선생님은 약혼자와 결혼식을 일주일 앞두고 있었다. 너무나 갑작스러운 일이었다. 학교는 눈물바다가 되었고, 선생님의 운구차가 학교 앞을 돌아 나갈 때 우리는 모두 오열했다.

<Dust in the Wind>의 가사처럼, 우린 모두 바람 속의 먼지 같았다. 영원히 지속되는 것은 없었다. 우리는 한순간을 살다 가는, 먼지 같은 존재라는 생각이 들었다.

할머니와의 마지막 순간

대학교 1학년 때 외할머니가 돌아가셨다. 엄마는 마치 모든 걸 예감한 듯 부산에 있는 삼촌들을 모두 불러 모으고, 나에게는 향수를 사 오라고 했다. 엄마는 욕조에 물을 받아 할머니를 깨끗이 씻기고, 알코올로 소독한 뒤 마지막으로 향수를 뿌렸다. 그리고 미리 준비해 둔 수의를 할머니께 입혀 드렸다.

새벽 2시쯤, 엄마는 나에게 "할머니가 돌아가실 때가 됐다"고 말했다. 피곤해 잠든 삼촌들이 일어나기도 전에, 엄마는 이미 할머니의 마지막을 예감하고 있었다. 방에 들어가 보니 할머니는 그저 주무시는 것처럼 보였지만, 엄마는 이미 그 순간을 알고 있었다.

나는 할머니 얼굴에 화장을 해 드렸다. 그때 느꼈던 할머니의 피부는 너무나 부드러워, 마치 살아 있는 것처럼 느껴졌다. 분을 바르고, 립스틱과 볼연지도 발라 드렸다. 할머니가 정말 돌아가셨다는 것이 믿기지 않았다. 진짜 주무시는 것 같았다.

장례를 치르고 한참이 지나서야 나는 비로소 울음을 터뜨릴 수 있었다.

인간 존재의 연약함

두 선생님과 할머니의 죽음을 겪으며, 나는 인간이 얼마나 연약한 존재인지 깊이 깨달았다. 우리는 마치 모든 것이 자신을 위해 존재하는 것처럼, 영원히 살 것처럼 행동하지만 실제로는 언제든 예고 없이 떠날 수밖에 없는 존재다.

처음에는 이런 의문이 머릿속을 떠나지 않았다.

'예수님이나 신이 정말 존재한다면, 왜 이렇게 좋은 사람들을 먼저 데려가실까? 왜 우리를 괴롭히던 나쁜 사람들은 오래 살고, 우리가 사랑했던 좋은 사람들을 먼저 떠나는 걸까?'

삶의 무상함과 불공평함 앞에서, 나는 인간이 얼마나 작고 약한 존재인지, 그리고 그 연약함이 오히려 우리를 더 깊이 사랑하게 만든다는 사실을 서서히 받아들이게 되었다.

> **생각해 보기**
>
> ■ 당신의 삶에서 갑작스러운 이별은 어떤 깨달음을 가져다주었나?
> ■ 죽음에 대한 생각이 당신의 삶의 방식을 어떻게 변화시켰는가?
> ■ 만약 오늘이 당신의 마지막 날이라면, 가장하고 싶은 일은 무엇인가?

깨달음 한 조각

삶과 죽음의 경계에서 우리는 존재의 진정한 의미를 발견한다. 갑작스러운 이별은 우리에게 고통을 주지만, 동시에 삶의 소중함과 현재 순간의 가치를 일깨워 준다. 우리의 육체는 '바람 속의 먼지'처럼 유한하지만, 우리가 남긴 사랑과 기억의 흔적은 영원히 지속된다. 불확실성 속에서도 오늘을 의미 있게 살아가는 것, 그것이 죽음이 우리에게 가르쳐 주는 가장 소중한 교훈이다.

무모함이 열어 준 기회의 문

우리 인생에서 가장 강렬한 변화는 종종 무모해 보이는 도전에서 시작된다. 평범한 일상 속, 누구나 망설일 만한 순간에 내딛는 한 걸음이 인생의 방향을 완전히 바꿔 놓기도 한다. 내 삶 역시 그랬다.

예상치 못한 리더십

"이대로는 안 됩니다. 과명을 바꿔야 합니다."
 각 학교 대표들이 진지하게 둘러앉아 학과명 개정 운동을 벌이고 있었다. 교수님들과의 갈등도 불사하겠다며 열띤 토론이 이어졌다. 사회과학대에서 각종 행사 사회를 도맡았다는 이유로 나는 학교 대표로 이 자리에 앉아 있었다. 토론이 이어지던 중, "○○학교 대표님, 앞으로 이 과명을 어떻게 개정해야 할지 의견을 말씀해 주시죠."라는 말이 들려왔다. 딴생각에 잠겨 있던 나는 갑자기 내 이름이 불리자 당황했지만, 망설임 없이 마이크를 잡았다.

순간의 영감, 의외의 감동

"제가 군대는 안 갔다 왔지만, 군에 다녀온 친구들이 이런 말을 자주 하더군요. 행군을 할 때 맨 앞에 선 사람이 정말 중요하다고요. 앞사람만 정신을 똑바로 차리고 가면, 뒤따르는 사람들은 졸면서도 따라갈 수 있지만, 앞사람이 졸거나 길을 이탈하면 모두가 다치거나 사고가 날 수 있다고요. 지금 여기 계신 분들이 바로 그 맨 앞에 선 리더라고 생각합니다. 우리가 왜 과명을 개정해야 하는지, 그 의미를 정확히 알고 깨어 있어야 뒤따르는 학생들도 우리의 목적을 이해하고 따라올 수 있지 않을까요?"

내 말이 끝나자 누군가 일어나 박수를 쳤고, 졸고 있던 학생들까지 모두 일어나 박수를 보냈다. 그 반응에 힘을 얻어 나는 "대학연합캠프를 시행해 보는 것은 어떨까요? 같은 학과를 공부하는 학생들이 모두 모여 대화하고, 우리가 왜 과명을 개정해야 하는지 스스로 동기를 얻을 수 있도록 말이죠."라고 제안했다.

작은 용기, 뜻밖의 변화

이 발언 이후 나는 내 말에 책임을 지기 위해 직접 캠프를 기획했다. 드디어 1회 캠프의 날이 다가왔다. 첫날에는 레크리에이션 사회까지 맡았는데, 어디서 그런 에너지가 났는지 나도 몰랐다. 참가자들이 너무 즐거워하니 나도 신이 나서 새벽이 다가오는 줄 모르고 열정적으로 진행했다.

그날 이후 과명 개정 운동 참여자는 두 배 이상 늘었고, 한 번만 진행할 계획이었던 대학연합캠프는 4회까지 이어졌다. 결국 우리는 교수님들과도 원만하게 모든 문제를 해결하며 과명 개정을 이뤄 냈다.

이후 교수님들이 나를 타 학교 교수님들에게 행사 사회자로 추천해 주었다. 덕분에 따로 아르바이트를 하지 않아도 각종 대학 행사와 사은회, 졸업 파티 등에 레크리에이션 사회자로 다니면서 용돈을 벌 수 있었다. 기타 연주도 못하고, 특별한 자격증도 없었지만 "그 친구는 비용은 저렴한데 엄청 재미있고, 심지어 교육적이기까지 해."라는 소문이 나면서 찾는 곳이 많아졌다.

학생 신분으로는 가기 힘든 스카이라운지 뷔페 식사도 공짜로 먹을 수 있었고, 여러 행사를 진행하며 진행 스킬도 점점 늘었다. 무대 앞에 상자를 놓고 "지금부터 제가 말하는 물건을 가장 먼저 가져다 놓는 팀이 승리!"라고 외치면, 청중들이 열을 내며 뛰어나왔다. 처음엔 넥타이나 양말 같은 소소한 물건으로 시작했지만, "100원!", "500원!"을 외치면, 사람들이 동전을 상자에 던져 넣었다. 행사가 끝나고 나면 상자에 동전이 꽤 모였고, 그 돈을 행사를 준비한 스태프들에게 전해 주면 모두가 무척 고마워했다. 그렇게 나는 폼 나게 행사를 마무리하곤 했다.

창의적 해결책을 생각하다

"어~ 너 마침 잘 왔다. 우리가 너 없는 동안 결정을 했는데, 만장일치로 네가 '과 대표'가 되었어. 그러니까 앞으로 학교에서 자주자주 보자."

교수님과 친구들이 내가 교실로 들어서자마자 박수를 치며 나를 맞이했다. 대학교 4학년 졸업반이었던 나는 그날 그렇게 졸지에 과 대표가 되었다.

책임감의 아이콘이나 모범생과는 거리가 멀었던 나는 과 대표라는 말에 당황스러웠다. 하지만, 그 순간 한 가지 생각이 떠올랐다. '내가 못하면 잘하는 사람에게 맡기면 되지.' 바로 그 자리에서 동기생 중에 열정과 책임감이 있는 친구를 부과대표로 세웠고, 무리를 지어 다니던 그룹의 대표 격인 친구들을 기획위원들로 위촉했다. 나는 친구들과 어울려 다니지도 않았고 늘 혼자였지만, 이렇게 역할 분담이 이루어지자, 과 전체를 모으는 데 충분했다. 나는 뒤에서 큰 그림을 그리고 필요한 아이디어를 제안하는 역할에 집중했다.

그동안에는 사은회 행사를 호텔에서 열었고, 졸업 여행도 제주도로 가야 했기에 비용 부담 때문에 참여율이 저조했다.그래서 사은회는 학교 구내식당을 빌려 진행했고, 주방 이모님들에게 부탁해 가장 저렴하지만 최고로 맛있는 도시락을 준비했다. 식당 한쪽 벽에 검은색 도화지를 붙이고, 교수님들의 얼굴을 한 분 한 분 정성스럽게 그려 장식했다. 금색을 입힌 거리의 낙엽들은 근사한 인테리어가 되었다. 사은회 행사는 성공적이었고, 교수님들은 이렇게 재미있는 행사는 처음이었다며 좋아했다.

이어서 졸업 여행도 과의 특성을 살려 문화재 탐방 일정으로 기획해, 고속버스를 타고 남해안 투어를 다녀왔다. 우리 과가 생긴 이래 처음으로 전원 참석이라는 쾌거를 이뤘고, 교수님과 학생 모두 만족한 행사로 평가받았다.

> **생각해 보기**
>
> ■ 당신이 무모하다고 여겼지만 결국 큰 성공으로 이어진 도전이 있었는가?
>
> ■ 자신의 한계를 넘어섰을 때 발견한 예상치 못한 재능이나 능력이 있는가?
>
> ■ 지금 당신 앞에 놓인 도전 중에서 '무모해 보이지만' 시도해 볼 가치가 있는 것은 무엇인가?

깨달음 한 조각

인생의 가장 빛나는 순간은 종종 우리가 '준비되지 않았다'고 느끼는 순간에 찾아온다. 무모해 보이는 도전 속에서 우리는 스스로도 몰랐던 재능과 가능성을 발견하게 된다. 완벽한 준비를 기다리기보다 지금 당장 행동할 때, 우리의 한계를 뛰어넘는 기적이 시작된다. 자신이 부족하다고 느낄 때 '나는 할 수 없어'라고 생각하기보다 '누구와 함께하면 가능할까?'라고 질문하는 사람이 진정한 리더다.

내가 발견한
진정한 재능의 숨겨진 의미

두 세계 사이에서

대학 시절, 나의 삶은 두 개의 세계로 나뉘어 있었다. 하나는 평범한 대학생으로서의 일상이었고, 다른 하나는 가톨릭교사연합회에서의 봉사 활동이었다. 이곳은 전국의 주일학교 선생님들을 교육하는 곳으로, 나는 레크리에이션부와 교육부 두 파트에서 일했다. 처음에는 레크리에이션부에서 아이들을 위한 소창곡과 율동을 만드는 활동을 했다. 그러던 어느 날, 교육부에서 일하던 언니가 내가 만든 노래를 듣고는 "차라리 교육부에 와서 아이들을 위한 교재를 만들어 보는 게 어때?"라고 제안했다.

뜻밖의 재능 발견

이렇게 나는 교육부에서도 일을 시작하게 되었다. 성경 주제별로 삽화를 넣은 교리 책을 만들어 주일학교 선생님들이 아이들에게 더 쉽고 재미있게 가르칠 수 있도록 돕는 일이었다. 나는 이 일에 누구보다 열정적이었다. 버스를 타고 학교를 오가는 길에도 온통 주일학교 아이들 생각뿐이었다.

내가 만든 노래들은 가톨릭 서점인 성바오로서원 한편에 음악 테이프로 발매되기도 했다.
이 사실이 내게는 정말 놀라웠다. 나는 피아노도, 기타도 칠 줄 몰랐고, 심지어 악보도 볼 줄 몰랐다. 그저 떠오르는 노랫말을 흥얼거리며 곡 전체를 외워 녹음했고, 그걸 작곡을 전공한 친구에게 들려주면 친구가 악보로 옮기고 피아노로 편곡해 주었다.

이런 과정을 통해 주일학교 선생님들을 위한 노래 두 곡, 아이들을 위한 노래 여섯 곡을 만들 수 있었다.

저작권 포기의 순간

시간이 흘러 사회생활을 하게 되었을 때, 가톨릭교사연합회에서 연락이 왔다. 내가 만든 노래의 저작권 포기 각서를 써 달라는 요청이었다. 흥미롭게도, 다른 친구들은 자신이 작곡한 것도 아닌데 마치 자기 것인 양 저작권을 주장했다는 이야기를 들었다.

"그건 제 소유가 아닙니다. 제가 하나님의 일을 할 때 그런 능력을 주신 것이고, 지금은 그 일을 하고 있지 않으니 더 이상 제 것이 아닙니다. 저작권 포기합니다."

후에 친구들은 "왜 포기했어? 그래도 뭔가 수입이 생길 텐데…."라고 말했지만, 나에게는 그 노래를 만들었을 때 겪은 특별한 체험이 더 소중했다.

재능의 근원

다룰 줄 아는 악기도 없었고, 악보도 볼 줄 몰랐던 내가 노래 가사를 쓰고 작곡을 할 수 있었던 것은, 어쩌면 하나님의 일을 하려고 했기 때문이 아닐까? 그래서 그때만 잠깐 그런 능력이 생겼던 것 같다. 그래서 저작권을 포기하는 것도 어렵지 않았다.

이런 믿음이 있었기에 나는 항상 새로운 도전 앞에서 두려움이 없었다. '다 주실 텐데, 무엇이 두렵겠는가?' 다만 내가 나 자신의 이기심이나 사익을 채우기 위한 것이 아니라, 하나님이 기뻐하는 일, 하나님이 원하는 일을 할 때에만 그 능력이 주어진다는 믿음이었다. 이 믿음이 내 안에 자리 잡고 있을 때 두려움은 사라졌고, 어떤 도전도 가능했다. 그때는 정말 그랬다.

생각해 보기

- 당신의 재능이나 능력이 어디에서 비롯된다고 생각하는가?
- 물질적 이득보다 더 소중하게 여긴 경험이나 가치가 있었는가?
- 당신이 갖고 싶은 재능이 있다면 무엇이며, 그 재능을 어디에 사용하고 싶은가?

깨달음 한 조각

진정한 재능의 가치는 그것이 만들어 내는 결과물이나 보상이 아니라, 그 과정에서 경험하는 충만함과 기쁨에 있다. 우리가 자신의 능력을 '소유'가 아닌 '선물'로 바라볼 때 그 능력은 더 큰 의미와 목적을 갖게 된다. 자신을 더 큰 목적을 위한 '도구'로 바라보는 관점은 우리를 이기심의 제약에서 해방시키고, 예상치 못한 능력과 기회의 문을 열어 준다. 우리 각자에게는 이 세상에 독특한 방식으로 기여할 수 있는 특별한 재능이 있으며, 그것은 종종 나눔과 베풂의 순간에 가장 빛나게 된다.

Chapter 2

끊임없는 도전으로 찾아낸
나만의 인생 지도

새로운 시작, 끝없는 도전의 연속

졸업하자마자 첫 직장으로 나는 여행사를 선택했다. 이유는 아주 분명했다. 어린 시절, 항상 하늘을 바라보며 비행기를 타고 새로운 세상으로 나아가고 싶었다. 그래서 그것을 위해서라면 여행사라는 직업이 안성맞춤이라고 생각했다. 성지순례 전문 여행사였던 이곳에서 나는 오퍼레이터로 일하며 여행 계획을 세우는 업무를 맡았다.

직속상관이었던 P 차장은 여행 관련 지식이 정말 풍부한 사람이었다.
"알파, 브라보, 찰리, 델타… 양키 줄루까지."
지금도 알파벳을 보면 나도 모르게 중얼거린다. 항공 분야에서 쓰이는 음성 알파벳인데, 비행기 등록 번호나 기타 정보를 말할 때 정확하게 전달하기 위해 사용되는 용어다. 여행의 기본적 지식을 제대로 배울 수 있는 시간이었다.

열정이 불러온 상처: 첫 직장에서의 쓴맛

처음 몇 달간은 정말 신이 나서 일했다. 새로운 것을 배우는 일은 언제나 설레고, 첫 직장이라는 이유만으로도 매 순간이 특별하게 느껴졌다. 나는 맡은 일을 누구보다 열정적으로 해냈고, 부장과 사장에게 자주 칭찬을 들었다.

어느 날, 발권과의 고참 여직원이 내게 말했다.
"그렇게 혼자 너무 열심히 하고 그러는 거 아닙니다. 살살 하세요."

그때는 그 말의 의미를 잘 몰랐다. 그냥 흘려들었지만, 지금 생각하면 그 안에 담긴 경계와 견제가 느껴진다.

사내에는 경쟁 팀이 있었다. 우리 팀의 실적이 오르자 다른 팀에서는 노골적으로 불편한 기색을 드러냈다. 그러던 어느 날, 한 고객이 인도행 비행기 티켓을 끊으러 왔다며 내 이름으로 티켓팅이 처리됐다. 하지만 나는 그 고객을 전혀 알지 못했다. 신원 확인도 없이 티켓팅을 했다는 건 상상할 수 없는 일이었다.

그달 내 월급 명세표에는 마이너스 표시가 찍혀 있었다. 상대 팀과 친했던 발권과 여직원이 나를 곤경에 빠뜨리기 위해, 일면식도 없던 고객의 티켓팅을 내 이름으로 처리한 것이었다. 고객은 이미 잠적한 지 오래였고, 인도 현지 여행사에 전화해 고객의 이름을 수소문해 겨우 찾아냈다. 하지만, 내 월급을 되돌려 받기엔 역부족이었다. 내 실수가 아니었음에도 불구하고 회사는 내 월급에서 항공권 전액을 차감했다.

끝없는 변화의 여정: 직업을 옮겨 다니며

2년 정도 지났을까? 오퍼레이터 일은 가이드와는 달라서 해외로 나갈 기회가 거의 없었다. 그래서 나는 무역회사로 이직했고, 2년도 채 되지 않아 또 일자리를 옮겼다. 일을 시작하면 금방 흥미를 느끼고 빠르게 배웠기에 윗사람들에게는 인정받았지만, 동료들 사이에서는 불편한 감정이 생기곤 했다. 그럴 때마다 불편함이 싫어서 또 새로운 환경, 새로운 직업을 찾아, 자주 직장을 옮겨 다녔다. 유치원 영어 강사로, 중·고등부 입시 학원 실장으로도 일했다. 직장을 자주 옮기다 보니, 내 명함을 모으는 게 취미인 친구도 생겼다.

성공과 실패의 경계에서

그러다 프랜차이즈 영어 학원을 운영하게 되었다. 초반부터 학원이 잘 운영되자 기사화되기도 했고, 성공 사례를 묻기 위해 찾아오는 원장들도 있었다. 그런데 우리 학원 바로 앞에 대형 학원이 오픈을 한 것이다. 학부모들에게서 전화가 오기 시작했다.

"원장님, 미안해요. 아무래도 학원비 부담 때문에 그쪽으로 옮겨야 될 것 같아요…."

결국 그렇게 학원은 조용히 문을 닫게 되었다.

생각해 보기

■ 당신의 첫 직장에서 가장 큰 배움은 무엇이었나? 그것이 이후의 인생에 어떤 영향을 미쳤는가?

■ 변화와 도전을 추구하는 것과 한곳에서 안정을 추구하는 것 사이에서 당신은 어떤 가치를 더 중요하게 생각하는가?

깨달음 한 조각

성공이란 단순히 능력만으로 이루어지는 것이 아니라 인간관계와 상황에 대한 이해를 하고 그리고 그 속에서 자신의 위치를 조정하는 지혜가 필요하다. 열정과 능력이 때로는 의도치 않은 질투와 경쟁을 불러일으킬 수 있지만, 그것을 통해 배우는 사회의 복잡한 역학 관계는 내 성장의 중요한 밑거름이 되었다. 변화를 두려워하지 않고 끊임없이 도전하는 용기는 때론 실패로 이어질 수 있지만, 그 과정에서 얻는 경험은 그 어떤 성공보다 값진 자산이 된다.

무의식적 재능이 불러온
예상치 못한 경쟁

도전 정신과 자신감: 예상치 못한 기회를 잡다

지인의 추천으로 나는 N 마케팅 리서치 회사에 취직했다. 면접을 본 J 부장이 나를 매우 마음에 들어 했고, 즉시 채용됐다. 비즈니스 영어가 필수였던 외국계 회사여서, 나는 회사 근처 영어 학원 새벽반을 등록해 다닐 정도로 열심히 했다.

그러던 어느 날, 호주 모 회사에서 컴퓨터 기술을 전수할 직원이 오게 되었고, 공항에 누가 마중 나갈지 정하게 되었다.

"저요! 부장님, 제가 가겠습니다."
"영어 잘해요? J 님은 학원 다닌 지 이제 3개월도 안 됐잖아?"
"O 과장이 다녀오지."

부장은 나와 동갑이지만 회사에 오래 근무한 O 과장을 지목했다. 당연히 경쟁이 안 되는 상황이었지만 나는 또 한 번 외쳤다.

"부장님, 저희 집이 공항 앞이에요. 제가 픽업만 할 수 있도록 해 주세요. 그리고 가이드는 O 과장님이 하시면 되잖아요."

하도 우기자 부장은 할 수 없다는 듯 허락해 주었다. 무슨 생각으로 픽업을 가겠다고 했는지, 지금 생각해 보면 정말 어이가 없다. 그런데 나는 매 순간이 모험 같았고, 재미있었다.

이안을 픽업해서 호텔까지 데려다주고 다음 날, 자신 있게 사무실에 갔다. 오전에는 O 과장이 투어를 맡았다. 그런데 그날 저녁 퇴근 때 부장이 나를 불렀다.

성취와 오해: 의도치 않게 빚어진 갈등

"내일부터는 J 씨가 투어를 좀 해 보지."
"제가요?"
"이안이 공항에 픽업 나왔던 그 직원이 마음에 든다고, 담당을 바꿔 달라 하네."

속으로는 기뻤지만, 그 순간 O 과장의 표정을 보고는 좋은 내색을 할 수 없었다. 다음 날부터 이안이 출국하는 날까지 퇴근 후 나는 그렇게 가이드 역할을 충실히 해냈다. 짧은 영어였지만 의사소통에 큰 문제는 없었고, 이안은 공항에서 눈물까지 보이며 호주로 돌아가는 것을 아쉬워했다.

2주쯤 지났을 때 전산팀에서 이안으로부터 편지 한 장이 도착했다고 하며 부장에게 보고가 되었다. 그 편지에는 프로그램에 관한 피드백 한 장과 나에게 보내는 개인적인 편지가 들어 있었다. 이 편지 때문에 사내에는 빠르게 소문이 퍼졌고 "일하라고 보냈더니 연애만 했나 봐."라는 말이 나오며 다른 층의 마케팅팀까지 소문이 번졌다.

나는 인사과에 불려 갔고 결국 아무 일도 아닌 해프닝으로 종결되었지만, 그 순간 친절하게 보이기 위해 미소 지었던 내 태도가 원망스러웠다. 괜한 친절이 불러온 오해로 한 사람의 마음도 아프게 만든 것이 무척 속상했다.

관계 회복을 위한 노력: 진정성의 힘

사내의 소문은 점차 잠잠해지는 듯했다. 나중에 알게 된 일이지만, 본인이 해야 했던 투어 일을 뺏긴 O 과장이 소문을 만들어 냈다고 한다. 그래서 나와 말 한번 섞어 보지 않은 그 팀 여직원들조차도 나를 불편하게 바라보았던 것이다.

그러던 때 O 과장의 생일이 다가왔다. 나는 '미운 사람 떡 하나 더 준다'는 마음으로 커다란 액자에 우리 부서 직원들 모두를 그려 넣었다. 직원들이 한 사람씩 말풍선에 생일 축하 메시지를 적도록 했고, 가운데에는 주인공인 O 과장이 꽃다발을 들고 행복하게 웃는 모습을 그렸다.

생일날 직원 모두가 보는 앞에서 액자를 선물 받은 O 과장의 얼굴에는 웃음꽃이 피었다. 그 순간만큼은 나를 향한 미움이 사라진 듯 보였다.

능력과 갈등 사이: 직장에서의 딜레마

나는 신입 사원이었는데, 신입 같지 않았다. 내가 낸 아이디어는 항상 좋은 반응을 얻었고, 결국 실행에 옮길 때는 내가 앞에 나서서 리드할 수밖에 없는 상황이 되었다. 상사들은 실적을 창출하는 나를 좋게 보았지만 경쟁적인 생각을 가졌던 중간 관리자들은 내가 몹시도 눈에 거슬렸나 보다. 유독 여직원이 많았던 우리 부서에 나는 '파워보이스'라는 모임을 만들어서 함께 단합도 하고, 부당한 대우를 받는 여직원들을 도왔다. 그러한 노력에도 주변엔 항상 나를 달가워하지 않는 사람들이 있었고, 나의 직장 생활이 순탄치만은 않았다.

내면의 갈등: 꿈에 나타난 두려움

종종 가위눌리는 꿈을 꾸었다. 내가 차 안에 갇혀 있는데, 문을 열어 달라고 아무리 외쳐도 차창 밖에서 나를 보고 둘러서 있는 직원들은 어느 누구 하나 도와주지 않았고, 차가운 눈빛으로 나를 바라보기만 했다. 숨이 막혀 '아… 이러다 죽겠구나' 할 때 꿈에서 깨어나곤 했다.

겉으로는 나를 반기지 않는 사람들과도 잘 지내 보려고 애를 썼지만 내 멘탈은 그걸 감당하기에는 충분치 않았다. 직장 생활에서 빠르게 배우고 적응하는 능력은 분명 장점으로 작용했지만, 동시에 동료들과의 관계에서는 갈등의 원인이 되기도 했다.

> **생각해 보기**
>
> - 직장에서 당신의 강점이 오히려 다른 사람들과의 관계에 갈등을 일으킨 경험이 있는가? 그때 당신은 어떻게 대처했는가?
> - 직업적 성취와 원만한 인간관계 사이에서 어떻게 균형을 맞출수 있는가? 당신에게는 어느 쪽이 더 중요한가?
> - 악의 없는 친절이 오해를 불러일으킨 경험이 있는가? 그 상황을 어떻게 해결했는가?

깨달음 한 조각

내 안의 강점이 때로는 예상치 못한 갈등의 씨앗이 될 수도 있다. 능력과 열정은 분명 가치 있는 자산이지만, 그것이 타인에게 어떻게 비쳐질지에 대한 섬세한 이해가 없다면 오히려 고립을 불러올 수 있다. 마음의 평화와 사회적 조화를 위해서는 단순히 일을 잘하는 것을 넘어, 주변 사람들의 마음을 이해하고 배려하는 정서적 지능이 필요하다. 때로는 한 걸음 물러서서 타인에게 자리를 내어 주는 것이 더 큰 성장을 위한 밑거름이 될 수 있다.

무작정 떠난 미국행,
우연히 만난 인연

새로운 세상을 향한 도전

한국에 사업차 나와 있던 미국 교포와 선을 본 친구가 어느 날 갑자기 청첩장을 보내 왔다. 미국으로 이민 간 친구가 보고싶어 무작정 샌프란시스코로 훌쩍 날아갔다. 일찌감치 결혼한 친구에게는 예쁜 두 딸이 있었다. 아기 때 봤던 아이들은 훌쩍 성장해 있었고, 나는 아이들과 방을 같이 쓰게 되었다.

고국에서 온 단짝 친구를 데리고 여기저기 구경시켜 주는 친구에게 문득 미안한 마음이 들었다. 성공한 사업가 남편과 두 아이와 함께 행복하게 잘 살고 있을 거라 생각해 나는 마냥 신이 났지만, 방음이 전혀 되지 않는 그 집 벽을 통해 친구가 이 나라에서 얼마나 치열하게 살아가고 있는지 알게 되었다.

"네 덕분에 영화에서만 봤던 금문교에도 와 봤으니 이제 슬슬 떠나 볼까?"

일주일이 빠르게 지나가고, 더 이상 신세를 질 수 없었던 나는 서둘러 뉴욕행 비행기표를 끊었다. 비행기 옆자리에 앉은 분과 이야기를 나누던 중 한국인이 운영하는 스포츠클럽에서 세일즈 매니저를 구한다는 말을 들었다. 숙식도 가능하다는 소식에 나는 무조건 찾아가 보겠다며 연락처를 받았다.

스포츠클럽에서의 기회

한국인이 오너였지만 직원들 대부분은 외국인이었고, 내가 취업될 가능성은 거의 없었다. 그곳은 최상위급 스포츠센터는 아니었지만, 전통적인 한국의 디자인으로 인테리어를 해 놓았고 다른 일반 스포츠클럽에는 없었던 맥반석 사우나 시설과 조약돌을 밟으며 명상할 수 있는 아로마 힐링 코스도 갖추고 있었다. 특히 주재원인 남편을 따라 타국에 살고 있는 한국인을 위한 스크럽 마사지실, 일명 때 미는 곳은 국적 불문 대인기였다. 그곳의 유일한 한국인 직원인 세신사는 급여보다 팁 수입이 더 많았다. 상당한 부유층이 살고 있었던 알파인과 뉴저지의 고객이 대부분이었는데, 이들은 고가의 스포츠클럽보다 가격은 상대적으로 합리적이면서 고급진 분위기의 이 스포츠클럽을 좋아했다. 고가의 플래티넘 멤버십을 끊는 부자들의 모습은 뜻밖에 너무나 검소했다. 그들이 타고 오는 차는 최신형 고급 세단이었지만, 차에서 내리는 그들은 구멍이 나 있는 운동복과 색이 바랜 운동화를 신고 다녔다. 그야말로 겸손한 럭셔리 라이프 스타일이었다. 진짜 부는 겉모습이 아니라, 삶을 대하는 태도에서 드러나는 것임을 그곳에서 배웠다.

진정성이 가져온 예상치 못한 성공

스포츠클럽 면접을 보러 오라는 말에 한걸음에 달려갔다. "영어 할 줄 아세요?"라는 질문에 나는 거의 본능적으로 "네."라고 대답했다.
"먹는 영어도 잘하고, 파는 영어도 잘합니다."
지금 생각해 보면 너무 엉뚱한 답이었지만, 그땐 무조건 이곳에서 일자리를 구해야 한다는 생각뿐이었다. 그런데 면접관이 "좋습니다. 오늘부터 당장 일 시작하시죠."라고 하는 것이었다.

사실 나는 영어를 잘하지 못했다. '햄버거 사 먹을 줄 알면 먹는 영어 하는 것이고, 가격표가 붙어 있는 물건을 파는 건 아주 쉬운 일이니 파는 영어도 할 수 있다'고 생각했던 것이다. 면접관은 너무도 당당하게 말하는 나를 재미있어하는 눈치였고, 그런 모습이 마음에 든다며 채용을 결정했다.

　나는 멤버십 회원권을 파는 세일즈 부서에 배치되었다. 그러나 현실은 냉혹했다. 3개월 동안 나는 멤버십 판매 실적이 전무했다. 같은 부서의 미국인 매니저가 매달 한 건씩 판매하는 동안, 나는 한 건도 성사시키지 못했다. 영어 실력의 한계가 드러나며 해고될 거라는 소문이 돌았고, '3개월도 못 버티고 한국으로 돌아가야 하나?' 하고 실망하던 그때였다.

"Robyn, Come to the front desk."

　1층 프론트에서 콜이 온 것이다. 나는 너무 반가워 뛰어 내려갔다. 2주 전, 생각해 보겠다고 하고 갔던 고객이 멤버십 사인을 하러 온 것이었다. 날아갈 것같이 기분이 좋았다.

　그리고 그날 이후 정말 신기하게도 나에게 멤버십 상담을 하러 왔던 고객들이 순서라도 정한 것처럼 줄지어 계약하기 위해 나를 찾았다. 그 달에 멤버십을 제일 많이 판매한 나는 뉴저지에 좀 더 머무를 수 있는 기회를 얻었다.

> **생각해 보기**
>
> ▪ 당신은 현재의 환경에서 벗어나 완전히 새로운 도전을 해 본 적이 있는가?
> ▪ 언어나 문화의 장벽에도 불구하고 성공적으로 적응한 경험이 있는가? 어떤 방법이 도움이 되었나?
> ▪ 진정성이 당신의 인생에서 어떤 기회의 문을 열어 주었나?

깨달음 한 조각

인생의 가장 큰 변화는 종종 계획이 아닌 용기에서 시작된다. 언어와 문화의 장벽 앞에서도 솔직함과 진정성은 그 어떤 유창한 언어보다 강력한 소통의 도구가 될 수 있다. 내 부족함을 인정하고 있는 그대로의 모습으로 세상과 마주했을 때, 오히려 더 많은 기회의 문이 열렸다. 우리가 진정으로 두려워해야 할 것은 실패가 아니라 도전하지 않는 것이다.

타국에서 만난
다양한 세계와 그리움

진심으로 맺어진 인연들

나는 영어로 긴 대화를 나누지 못했지만, 그저 환하게 웃으며 상대의 이야기를 들어 주는 것이 전부였다. 잘 알아듣지 못하는 고객의 이야기를 '그냥 들어 주기'란 무척이나 힘든 일이었지만, 나는 그들의 표정과 말투, 행동을 집중해 보며, 또 다른 그들의 언어를 이해하려고 노력했다.

그런 나에게 멤버십 사인을 하기 위해 고객이 끊이지 않자, 내 옆방의 미국인 매니저는 오히려 나에게 세일즈 비법을 알려 달라고 할 정도였다. 나중에 이사장이 한 고객에게 "왜 영어 잘하는 매니저가 아니라 로빈에게 계약을 했냐?"고 묻자 "로빈은 앞에서나 뒤에서나 똑같이 미소를 짓는 아이니까."라고 대답했다.

나는 순간순간 있는 그대로의 모습으로 그들을 대했고, 그 모든 순간은 진심이었다.

미국 상류층 가정에서의 경험

나는 고객들에게 인기가 많았고, 집으로 초대받는 일도 많았다. 이탈리아에서 모델로서 상당히 유명했던 그녀는 오래된 스크랩북을 꺼내 신문 기사에 난 자신의 사진을 보여 주었다. 모델 일을 은퇴한 뒤, 돌연 미국으로 건너가 가구 디자인을 전공했고, 그리고 현재의 남편과 재혼했다.

집도 너무 근사했지만, 넓은 마당으로 나가면 그녀가 직접 디자인한 가구들이 마치 작품처럼 잔디 위에 놓여 있었다.

나는 난생처음 나무 도마 위에 올려진 여러 종류의 치즈를 맛보았다.

내가 먹어 본 치즈라고는, 아빠 친구가 군부대에서 가져다준 톰과 제리에 나오는 노랗고 구멍 숭숭 뚫린 에멘탈치즈가 전부였다.

그때 처음으로 이렇게 다양한 맛과 향을 내는 치즈가 있다는 것을 알게 되었다.

한번은 발레리나 출신의 연세가 지긋한 고객의 집에도 초대받았다.

나는 그녀를 '귀여운 발레리나 할머니'라고 불렀다. 그 당시 나이가 70이 훌쩍 넘었는데도 운동으로 자기 관리를 하고 있었다. 자신이 젊을 때 입던 옷인데, 내가 입으면 잘 어울릴 것 같다며 옷도 선물해 주었다.

앞마당에 심어 놓은 사과나무 하나하나에는 새집이 있었고, 새들이 와서 모이를 먹는 모습을 코앞에서 보는 것도 신기했다. 티 팟에 피치 향 티를 끓여 주었는데, 차는 녹차처럼 씁쓸한 맛이라고만 생각했던 나에게 복숭아 과일 향이 입안 가득 퍼지는 그 차 맛은 지금도 기억에 선명하다.

시야를 넓혀 준 색다른 경험들

가장 기억에 남는 집은 성공한 흑인 여의사의 집이었다. 정말 영화에서나 보던 그런 집이었다. 커다란 철문이 열리고, 차로 한참을 더 들어가면 대학 캠퍼스 같은 건물이 나타났다. 집 앞 현관문을 열면 끝도 없는 복도가 이어졌고, 복도 끝에는 손님 맞이용 응접실이 있었다. 그 방 안에는 바가 마련되어 있었고, 한쪽 벽면을 가득 채운 스크린에서는 영화가 상영되고 있었다.

그날 이후 나는 한국에 돌아와 웬만한 부자들은 더 이상 부자로 느껴지지 않았다. 최신 BMW 시리즈와 페라리, 벤츠 차량이 줄지어 있던 그 집 주차장은 그야말로 딴 세상이었다.

스포츠센터에는 유명인들도 자주 왔다. 물론 나는 그 당시 그들을 전혀 알아보지 못했다. 한번은 살집이 좀 있어 보이는 여성 회원이 러닝머신 위에서 열심히 달리는 모습을 보고 다가가 말을 걸었다.
"다이어트에 관심이 많으신가요?"
나는 그녀가 살을 빼기 위해 러닝머신 위를 열심히 달린다고 생각해서 말을 건 것이었는데, 상당히 불쾌한 표정을 지었다. 그녀의 쌍둥이 매니저를 통해 들은 말에 따르면, 그녀는 뉴욕에서 유명한 빅 사이즈 전문 모델이고, 절대로 살을 빼면 안 되며, 오히려 그 체형을 그대로 유지해야 한다는 것이다. 정말 처음 듣는 말이었다. '와~ 빅 사이즈 모델이라니~! 정말 이 미국이란 나라는 별별 사람이 다 있는 Melting pot이 맞구나!' 그런 생각을 했다. 그때 나는 세상을 바라보는 시각이 바뀌고 있었다.

꿈을 찾아가는 소중한 시간

데이 오프에는 집 근처 올드스쿨처치에 가곤 했다. 우연히 발견한 그곳은 오래된 교회 건물을 문화센터로 사용하고 있었고, 나는 그곳에서 미술을 배웠다. 미대에 가고 싶었지만 집안 형편 때문에 엄두를 내지 못했고, 뒤늦게나마 그림을 배울 수 있어서 너무나 행복했다. 그곳의 선생님은 나에게 "You are genius!"를 외치며, 나를 자신의 제자로 삼겠다고 칭찬해 주었다.

고국에 대한 그리움과 역마살의 갈등

나는 그렇게 미국 생활에 잘 적응해 가는 듯 보였고, 매일 매일이 흥미롭고 재미있는 시간이라고 믿고 있었다.

그러다 어느날, 한인 식당에서 한 가족이 식사하는 모습을 바라보다가 이유도 모른 채 눈물이 터져 나왔다. 그때는 몰랐다. 내가 심한 향수병에 걸려 있었다는 사실을.

미국에 오면서 여동생의 결혼식에도 참석하지 못했고, 사랑하는 조카가 처음 세상을 보게 되던 날에도 함께하지 못했다. 어느 날부턴가 거리를 지나다가 조카 또래의 여자아이만 봐도 눈물이 나고, 한국인 가족이 식사하는 모습만 봐도 눈물이 났다. 내가 있던 곳이 너무나 낯설게만 느껴졌고, 그리움이 물밀듯 밀려왔다.

몇 달간 참고 참다가 결국 한국으로 돌아왔다.
하지만 얼마 지나지 않아 나는 한국이 답답하게 느껴지기 시작했다. 백화점, 놀이동산, 어디를 가도 미어터지는 사람들에 지치고, 좁은 공간이 숨 막혔다. 어른들 말처럼, 내 안의 역마살이 다시 발동을 걸고 있었다.

> **생각해 보기**
>
> ■ 당신은 익숙한 환경을 떠나 낯선 곳에서 새로운 인연을 만들어 본 경험이 있는가?
> ■ 서로 다른 문화와 삶의 방식을 접했을 때, 당신의 세계관은 어떻게 변화했나?
> ■ 고향에 대한 그리움과 새로운 세계에 대한 호기심 사이에서 당신은 어떤 선택을 하고 싶은가?

깨달음 한 조각

익숙함과 안정 대신 불확실성과 모험을 선택했을 때, 우리는 상상조차 하지 못했던 세계를 경험하게 된다. 타국에서 만난 다양한 인연과 경험들은 내 시야를 넓혀 주었고, 세상을 바라보는 관점을 완전히 바꿔 놓았다. 그러나 동시에 뿌리와 정체성의 중요성도 알게 된다. 때로는 먼 곳으로 떠나야만 고향의 소중함을 알게 되고, 낯선 곳에서의 경험이 오히려 나 자신을 더 깊이 이해하는 계기가 된다. 결국 인생은 떠남과 돌아옴의 끊임없는 순환 속에서 성장해 가는 여정이다.

'똘기 있게, 낙천적으로' 살면 인생이 달라진다

불가능에 도전하는 용기

많은 사람들이 인생의 큰 도전 앞에 가끔 움츠러드는 때가 있다. 실패에 대한 두려움, 타인의 시선 그리고 안정을 추구하는 본능이 우리를 가로막는다. 하지만 이런 두려움을 뛰어넘는 순간, 놀라운 기회의 문이 열린다. 내 가슴속에 선명하게 새겨진 '똘기 있게, 낙천적으로 살아라'라는 말처럼, 살면서 이런 엉뚱한 생각이 나를 미지의 세상으로 한 걸음 나아가게 하는 힘이 된다.

LA에서의 무모한 도전

내가 다니던 회사가 미국 LA 시장에 진출했을 때의 일이다. 당시 나는 가장 낮은 직급의 직원 중 하나였다. 회사의 성공적인 안착을 위해 광고와 홍보가 시급했지만, 아무도 그 시작점을 찾지 못하고 있었다. 모두가 망설이는 순간, 나는 덜컥 H일보 사옥을 방문했다.

사옥에서 기자가 누구인지, 어디서 만날 수 있는지 무작정 물었다. 결국 K 기자를 소개받았고, 그를 만나자마자 나는 왜 내가 여기에 있는지, 왜 우리 회사 회장이 신문 지면에 실려야 하는지 한 시간도 넘게 열변을 토했다. 호기심을 자극하기 위해 최선을 다했고, 내 사진까지 찍게 하고 회사 홍보 자료도 건네주었다.

예상치 못한 결과와 위기

그런데 다음 날, 예상치 못한 일이 벌어졌다. 신문에 실린 인물은 회장님이 아닌 바로 나였다! 회사는 발칵 뒤집혔고, 나는 해고될 위기에 처했다. 모두가 "왜 네가 신문에 나갔느냐!"고 다그쳤다.

나는 억울한 마음에 다시 H일보를 찾아가 K 기자에게 따졌고, 그러자 기자는 나에게 K편집위원을 소개해 주었다. 나는 사비를 털어 편집위원에게 피닉스행 비행기 티켓을 보냈다. 돈이 부족했던 터라 나는 렌트카를 빌려 15시간을 운전해 공항에서 편집위원을 픽업해 애리조나주 세도나에 머물고 있던 회장에게 데려갔다.

만남은 성공적으로 성사되었고, 며칠 뒤 편집위원이 쓴 특별기고문에 회장에 관한 내용이 전면 기사로 대서특필되는 성과를 거두었다.

그 경험은 무모해 보이는 도전이 때로는 예상치 못한 위기와 성장을 동시에 가져다준다는 사실을 내게 가르쳐 주었다.

J일보와의 인연

사람들은 종종 내 행동을 보고 '미친 짓'이라고 평가한다. 하지만 나는 그런 무모함 속에서 오히려 희열을 느낀다. LA J일보 사무실의 문을 두드릴 때도 마찬가지였다. 약속도 없이 찾아가, 문화부장을 만나러 왔다고 하니 게스트룸으로 안내되었다. 나는 문화부장에게 두 시간 가까이 회사의 비전을 열정적으로 설명했고, 결국 그녀와 두터운 친분을 쌓게 되었다. 훗날 문화부장은 "너 처음 봤을 때 완전 돌아이 같았어!"라며 웃었다. 사실 나는 '똘기 있는' 행동을 자주 하곤 했다.

J일보는 인터뷰를 위해서는 대통령이라도 직접 신문사에 방문해야 했지만, 우리 회장님은 좀처럼 움직이지 않았다. 그래서 나는 직접 차량을 렌트해 문화부장과 사진기자를 태우고 회장님이 계신 곳으로 안내했다. 그들은 회장의 압도적인 포스에 순간 얼어붙었지만, 결국 인터뷰를 무사히 마쳤다. 그 결과, 큼지막한 타이틀의 기사가 신문에 실렸고, 이 인연으로 J일보 내 여러 부서 국장들과도 연을 맺게 되었

다. 더불어 1년 동안 회사 광고를 무료로 게재하는 특혜까지 얻을 수 있었다.

극한의 훈련이 만든 '하면 된다' 정신

이런 '무모함'과 '도전'의 정신은 회사 생활 이전부터 나를 지탱해 왔다. 신입 사원 시절, 나는 극한의 훈련을 받았다. 양손과 두 발을 모두 사용해 가파른 산 정상까지 기어오르고, 절벽 꼭대기에서 폭포 아래로 뛰어내리며, 온몸으로 바닥을 기어다녔다. 진흙탕에서 기마전을 벌이고, 천배를 하는 등 상상을 초월하는 미션들이 이어졌다. 40명이 시작한 훈련에서 끝까지 남은 것은 고작 12명뿐이었다. 그 혹독한 과정을 이겨 냈기에, 나는 어떤 상황에서도 "하면 된다"는 긍정의 자세를 갖게 되었다.

경찰서에서의 도전

또 다른 일화가 있다. 회사 홍보 비디오를 판매하라는 과제를 받았던 날, 나는 비 오는 밤 경찰서를 찾아갔다.
"고생하시는 경찰분들에게도 쉼과 재미가 필요하다"며 직접 비디오를 시연했고, 경찰들은 흔쾌히 구매해 주었다.

남들은 '미친 짓'이라며 손사래를 쳤지만, 나에게 이런 도전은 '똘기 있게, 낙천적으로' 살아가자는 다짐의 실천이었다.

오늘의 나를 만든 과거의 도전들

지금 나는 그 경험들을 바탕으로 인문학 강사로서 길을 걷고 있다. 강의 중에 자주 이야기한다.

"어려운 일 앞에서 움츠러들기보다는, 당당하게 뛰어들어라. 이차피 실패를 두려워하면 아무것도 시작하지 못한다."

이것은 내가 몸소 부딪히며 배운 교훈이기에, 이보다 더 값진 진리는 없다고 확신한다. 인생에서 가장 큰 후회는 실패가 아니라 도전하지 않은 것에서 온다. 우리는 종종 안전한 울타리 안에 머무르려 한다. 하지만 진정한 성장과 기회는 그 안전지대 밖에 있다.

내가 LA에서 무모하게 신문사를 찾아다녔던 그 순간, 다른 이들은 "그건 불가능해."라고 말했지만, 나는 '한번 해 보자'고 생각했다. 그리고 그 '한번 해 보자'는 마음가짐이 수많은 기회의 문을 열어 주었다.

생각해 보기

- 당신은 주변 사람들이 "불가능하다"고 말한 일에 도전해 본 적이 있는가? 그 결과는 어떠했나?
- 실패에 대한 두려움이 당신의 삶에서 어떤 기회를 놓치게 했는가?
- '똘기 있게' 행동한다는 것은 당신에게 어떤 의미가 있나? 그런 행동이 가져온 긍정적인 결과가 있었는가?

깨달음 한 조각

인생의 가장 큰 성취는 종종 남들이 미쳤다고 여기는 순간에 시작된다. 안전지대를 벗어나 불확실성을 마주하는 용기는 단순한 모험을 넘어 진정한 성장과 기회의 씨앗이다. '똘기 있게, 낙천적으로' 살아간다는 것은 실패의 두려움보다 도전의 가능성을 더 크게 보는 시선이며, 그 시선이 평범한 일상을 비범한 인생으로 바꿔 놓는다. 우리 모두에게는 그런 용기가 필요하다. 때로는 '미친 짓'이라 여겨지는 행동이 인생을 변화시키는 결정적 순간이 될 수 있기 때문이다.

의학적 한계를 넘어
불가능을 믿지 않기

갑작스러운 병마와의 만남

LA에서의 성공적인 활동 중에 나는 점점 이상한 증상을 느끼기 시작했다. 처음에는 단순한 피로로 여겼던 복부 통증이 점점 심해졌다. 신문사를 뛰어다니고 회사 홍보를 위해 동분서주하는 와중에도, 나를 괴롭히는 통증은 날이 갈수록 심해졌다.

특히 밤에는 식은땀을 흘리며 잠에서 깨기도 했고, 때로는 걸을 수도 없을 만큼 심한 통증이 찾아왔다. 하지만 나는 이런 통증조차 무시하며 일에 매진했다.

그러던 어느 날, 회의 도중 갑자기 쓰러져 병원으로 실려 갔다. 미국 의사들은 정확한 원인을 찾지 못했으나, 심각한 상태라며 한국으로 돌아가 정밀검사를 받아 볼 것을 권했다. 그렇게 나는 꿈과 열정으로 가득 찼던 LA에서의 생활을 뒤로하고, 불안한 마음으로 한국행 비행기에 몸을 실었다.

병원을 전전하며 찾아온 절망

"더 이상 할 수 있는 것이 없습니다."

하얀 가운을 입은 의사의 입에서 나온 이 말은 마치 최종 판결문처럼 들렸다. 그날은 내가 다섯 번째로 병원을 옮긴 날이었다. M.D병원, K.K병원, E.W.D병원, S의료원 그리고 A.S병원까지. 우리나라에서 가장 실력 있다는 병원들을 전전했지만 의사들의 대답은 모두 비슷했다.

"원인을 알 수 없는 병입니다. 현재로서는 수술해서 원인이 될 만한 것들을 제거하는 방법밖에 없습니다."

그들은 내 상태를 설명하기 위해 듣도 보도 못한 수많은 의학 용어들을 늘어놓았지만, 결국 하고자 하는 말은 하나였다. '의사들도 모른다'는 것. 그리고 그것은 내 인생에서 가장 큰 전환점이 되었다.

첫 번째 수술과 마주한 현실

끝없는 통증과 싸우다 29세에 첫 수술을 받았다. 수술 전날 밤, 병실 창문으로 보이는 별들을 바라보며 나는 스스로에게 물었다. "이게 내 삶의 끝일까?"

수술은 예상보다 길었다. 의사는 내 몸 안에서 예상치 못한 상황들을 발견했다고 했다. 복부 전체에 퍼진 유착과 염증은 의사들도 놀랄 정도였다. 수술 후 회복실에서 깨어났을 때, 내 옆에는 밤새 간호하시느라 피곤해진 몸을 침대에 기대고 있는 엄마가 있었다.

그때 의사가 물었다.
"당신은 결혼을 생각하시나요?"
"왜요?"
"내가 되묻자, 의사는 대답했다.
"왜냐하면 이 상태로는 아이를 가지는 것이 거의 불가능하거든요."

그 말을 듣는 순간, 마치 오랫동안 기다려 온 진실을 드디어 마주한 것 같았다. 그때까지 나는 언젠가 결혼해서 아이를 낳고 평범한 가정을 이룰 거라고 막연히 생각해 왔다. 하지만 이제 그 '당연한' 미래가 나에게서 사라지고 있었다.

Chapter 2   77

나무에게서 배운 삶의 지혜

수술 후 병실에서 나는 창문 너머로 보이는 나무 한 그루에 시선을 고정했다. 그 나무는 병원 건물 사이 작은 틈에서 자라고 있었는데, 비좁은 공간임에도 불구하고 푸른 잎을 두른 가지를 활짝 펼치고 있었다.

'저 나무는 좁은 공간에 숨 막혀 하지 않는다. 오히려 그곳을 자신만의 공간으로 채우고 있다. 주어진 환경에서 최선을 다해 자라고 있는 것이다.'

이 깨달음은 내 삶의 방향을 바꾸는 첫 번째 전환점이 되었다. 나도 저 나무처럼 주어진 상황에 최선을 다해 살아갈 수 있을까?

생각해 보기

- 당신은 인생에서 예상치 못한 위기를 겪었을 때 어떻게 대처했는가?
- 의학적 한계나 전문가의 부정적 예측에도 불구하고 희망을 찾은 경험이 있는가?
- 자연에서 배운 삶의 교훈이 있다면 무엇인가?

깨달음 한 조각

인생에서 가장 큰 장애물은 종종 예고 없이 찾아온다. 그러나 진정한 용기는 이런 장애물 앞에서 무너지지 않고, 오히려 그것을 성장의 기회로 삼는 능력에서 나온다. 나무가 좁은 공간에서도 하늘을 향해 뻗어 나가듯, 우리도 주어진 환경에서 최선을 다해 자신만의 빛을 발할 수 있다. 진정한 자유는 모든 것이 완벽할 때가 아니라, 불완전함 속에서도 자신의 가치를 발견할 때 찾아온다.

한계를 넘어서는 희망의 여정

40세, 두 번째 대수술의 충격

첫 수술 후 10년이 지났다. 40세가 된 나는 다시 재수술을 받아야 했다. 자궁과 난소, 나팔관 그리고 협착이 심했던 부위를 상당 부분 제거하는 대수술이었다. 여성으로서의 정체성과 직결된 장기들을 하나둘 잃어 가는 과정은 말로 표현할 수 없는 상실감을 안겨 주었다.

수술 후, 의사는 내게 충격적인 말을 했다.
"현재 나이는 40이지만, 당신의 몸은 80대라고 봐야 합니다. 얼마 있지 않아 대소변을 가리지 못하게 될 수도 있습니다."
그 말을 들은 순간, 나는 의사의 눈을 똑바로 쳐다봤다. 화가 나는 건지, 아니면 "남의 일 아니라고 그렇게 함부로 말합니까?"라고 따지고 싶은 건지, 내 감정이 복잡했다.

"잘 알겠습니다. 선생님, 그동안 애써 주셔서 감사합니다. 다시는 병원에 오지 않도록 해 보겠습니다."

의사는 자신이 아는 만큼의 지식으로 나를 치료했을 뿐이고, 나머지는 하늘에 달려 있다는 생각이 들었다. 나는 그저 어떻게든 좋아질 거란 생각만 하자고 마음먹었다. 그 단순한 다짐이 내 삶을 완전히 바꾸었다.

진인사대천명: 최선을 다하고 결과는 하늘에 맡기다

'진인사대천명(盡人事待天命)', 최선을 다하고 결과는 하늘에 맡긴다. 이 오래된 지혜가 내 삶의 나침반이 되었다.

의사들이 내 몸에 대해 "더 이상 할 수 있는 게 없다"고 했을 때, 나는 그것이 '진인사(盡人事)'의 끝은 아니라고 생각했다. 의학적 치료의 한계가 곧 내가 할 수 있는 일의 한계는 아니었다.

LA에서 배운 도전 정신으로, 나는 새로운 방식으로 내 건강을 위한 여정을 시작했다. 비록 의학적으로는 답이 없다고 했지만, 나는 내 삶의 질을 높이기 위한 다양한 방법이 있을 것이라 믿었다.

내 몸의 언어에 귀 기울이기

나는 내 몸에 더 귀를 기울였다. 어떤 음식을 먹을 때 몸이 더 편안한지, 어떤 활동이 에너지를 북돋우는지, 어떤 생각이 내 정신을 맑게 하는지 세심하게 관찰했다. 내 몸만의 리듬과 언어를 이해하려고 노력했다. 특정 음식을 먹은 후 복통이 심해진다는 것을 알게 된 나는 식단을 완전히 바꿨다. 아침에 일어나 스트레칭을 할 때 느껴지는 미세한 신호들에 집중했다. 과거에는 무시했을 작은 통증이나 불편함도 이제는 내 몸이 보내는 중요한 메시지로 받아들였다. 또한 나는 의학 외에도 다양한 치유법을 탐구했다. 명상, 요가, 자연 속에서의 휴식, 창작 활동…. 이 모든 것들이 내 몸과 마음을 지탱하는 데 도움이 되었다.

낙천주의의 진정한 의미

나는 이제 나 자신을 '낙천주의자'라고 부른다. 결코 쉽지 않은 삶 속에서도, 나는 항상 좋은 면을 찾아내려고 노력한다. 두 번의 대수술을 통해 배운 삶의 태도다. 낙천주의는 현실을 부정하는 것이 아니다. 오히려 현실을 있는 그대로 직시하되, 그 안에서 희망의 씨앗을 발견하는 것이다. 나의 몸은 여전히 많은 제약과 한계가 있다. 하지만 그 한계 안에서도 내가 할 수 있는 일, 내가 누릴 수 있는 행복, 내가 경험할 수 있는 기쁨은 무궁무진하다. 낙천주의는 현실 도피가 아니다. 내 몸의 상태를 무시하거나 의사의 조언을 무시하는 것이 아니다. 오히려 모든 정보를 받아들이고, 그 안에서 내가 선택할 수 있는 최선의 길을 찾는 것이다. 때로는 그것이 의학적 조언을 따르는 것일 수도 있고, 때로는 내 직감을 믿는 것일 수도 있다.

'똘기 있게, 낙천적으로' 살아가는 태도는 병마와의 싸움에서도 나를 지탱하는 힘이 되었다. 다만 그 '똘기'는 이제 무모한 도전이 아닌, 내면의 지혜와 평화를 찾는 방향으로 진화했다.

생각해 보기

- 전문가의 부정적인 예측이나 진단에 직면했을 때, 당신은 어떻게 자신만의 희망을 지켜 나갔는가?
- '낙천주의'가 단순한 긍정적 사고방식이 아니라는 글쓴이의 관점에 동의하는가? 당신에게 진정한 낙천주의란 무엇인가?
- 신체적 제약이나 한계 속에서도 의미 있는 삶을 살아가기 위한 당신만의 방법은 무엇인가?

깨달음 한 조각

삶의 가장 큰 역경은 종종 우리의 가장 위대한 스승이 된다. 의학적 한계를 선고받았을 때, 나는 그것이 내 삶의 끝이 아니라 새로운 시작임을 깨달았다. 진정한 치유는 단순히 증상을 없애는 것이 아니라 자신의 몸과 마음에 더 깊이 귀 기울이고, 주어진 한계 속에서도 의미와 기쁨을 찾아가는 과정임을 배웠다. 낙천주의란 현실을 부정하는 것이 아니라, 현실 속에서도 희망을 발견하고 키워 나가는 지혜다. 그리고 이 지혜야말로 어떤 의학적 치료보다 강력한 치유의 힘을 가지고 있다.

종교를 통해
영성을 탐구하다

병마가 던진 근원적 질문의 답을 찾아서

대수술 후, 나는 처음으로 삶과 죽음에 대해 진지한 질문을 던지기 시작했다. 의사는 내 몸이 80대와 같다고 했고, 언제든 더 악화될 수 있다고 경고했다. 죽음이 이전보다 현실적으로 다가왔다. '인간은 어디서 와서 어디로 가는가? 우리의 존재 의미는 무엇인가?' 이런 근원적인 질문들이 내 마음을 채우기 시작했다.

병상에 누워 있는 동안 나는 미국에서의 바쁜 일상, 한국에서의 직장 생활 그리고 그 이전의 수많은 도전과 성취들이 무엇을 위한 것이었는지 돌아보게 되었다. 성공과 인정을 향한 끝없는 추구 속에서 나는 정작 가장 중요한 질문들을 놓치고 있었다. 이제 내 몸의 한계를 직면하면서, 나는 더 깊은 답을 찾고 싶어졌다. 그렇게 나의 영적 탐구가 본격적으로 시작되었다.

어린 시절, 순수한 신앙의 첫 만남

사실 내 영적 여정은 훨씬 이전부터 시작되었다. 어린 시절, 초등학교 2학년 때였다. 집 앞에 있는 교회를 스스로 찾아갔다. 그 당시 내 마음속에는 순수한 바람이 있었다.
"친구이신 예수님을 만나러 왔어요."
지금 생각해 보면 웃음이 나오는 말이지만, 그 시절의 나는 진심이었다. 신을 친구처럼 생각했고, 직접 만나고 싶어 했다. 그러나 중학교에 들어서면서 교회의 분위기, 특히 어린 나에게 십일조를 내라고 강요했던 일들, '교회인데 왜 말씀보다 이런 것들만 얘기하는 걸까?' 하는 의문이 들었다. 이런 불편함은 나를 천주교로 이끌었다.

다양한 종교를 통한 영적 여정

천주교에서는 수녀님과 신부님과의 대화를 통해 또 다른 신앙의 세계를 경험했다. 신부님은 "이 아이는 수녀가 되면 참 좋겠다"는 말까지 했다. 교리 공부도 열심히 했고, 봉사 활동에도 적극적으로 참여했다. 직장을 다니기 전까지 열심히 신앙생활을 이어 갔다. 그러나 열심히 하는 것과 봉사 활동으로는 채워지지 않는 갈증이 있었다. '진정한 하나님이 계신 곳은 어디일까? 기독교인가? 천주교인가?' 이런 고민은 나를 다른 영적 탐구의 길로 이끌었다. 결국 내가 발걸음을 옮긴 곳은 우리의 전통적인 '도'를 추구하는 곳이었다. OO선원 같은 곳에서 한국 전통의 민족 종교를 공부하게 되었다. 대종교, 동학 사상과 같은 우리 역사 속의 영적 전통도 탐구했다.

> **생각해 보기**
>
> ■ 당신은 어린 시절에 종교나 영성에 대해 어떤 생각을 가졌는가? 그 생각은 성장하면서 어떻게 변화했나?
> ■ 삶의 위기나 질병이 당신의 생각에 어떤 영향을 주었나?
> ■ 서로 다른 종교들에서 발견되는 공통점은 무엇이라고 생각하는가?

깨달음 한 조각

인생의 가장 깊은 질문들은 종종 우리가 가장 취약한 순간에 찾아온다. 병상에서 직면한 삶과 죽음의 경계에서 나는 그동안 추구해 온 성공과 인정의 가치가 얼마나 일시적인 것인지 깨달았다. 진정한 의미는 외부가 아닌 내면의 여정에서 찾아야 한다는 것 그리고 그 여정은 종종 예상치 못한 방식으로 우리를 더 깊은 이해로 이끈다는 것을 배웠다. 어쩌면 삶의 가장 큰 시련은 우리의 가장 중요한 영적 스승일지도 모른다.

동서양을 아우르는
영적 탐구

미국에서 만난 새로운 영적 지평

미국으로 건너가면서 나의 영적 탐구는 더욱 넓어졌다. 뉴저지와 LA에서의 경험은 단지 직업적인 도전만이 아니었다. 그곳에서 나는 오쇼 라즈니쉬와 같은 사상가들, 달라이 라마가 추구하는 티베트 불교의 가르침 등 다양한 영적 전통들을 접하게 되었다. LA의 한 작은 서점에서 우연히 발견한 오쇼의 책은 내 시각을 완전히 바꿔놓았다. '명상은 종교적 의식이 아니라 내면의 고요함을 경험하는 과학'이라는 그의 가르침은 종교와 영성에 대한 내 이해를 넓혔다. 또한 미국에 거주하는 티베트인 공동체와의 만남을 통해 달라이 라마의 자비와 비폭력 철학을 배웠다. 서구와 동양의 영성이 만나는 지점에서 나는 더 넓은 시야를 갖게 되었다. 병마와 싸우면서도 '똘기 있게, 낙천적으로' 살아가려 했던 내 태도는 이제 더 깊은 영적 차원으로 발전했다. 낙천주의는 단순한 긍정적 사고가 아니라, 모든 존재와의 깊은 연결감에서 오는 평화로운 수용으로 변화했다.

한국에서의 불교 탐구

한국으로 돌아와서는 불교에 깊은 관심을 갖게 되었다. 특히 대수술 후 회복 과정에서 불교의 가르침은 큰 위로가 되었다. 여러 스님들을 만나면서 부처님의 가르침에 대해 배우고, 불교에서 말하는 참된 자아에 대해 탐구했다. 한번은, 강원도의 한 작은 사찰을 찾아갔다. 삼 일 동안의 템플스테이는 내 영혼에 깊은 휴식을 주었다. 새벽 예불, 108배 그리고 고요한 명상 시간은 내 내면의 소리를 듣게 해주었다. 특히 법정 스님의 '무소유' 철학은 나에게 큰 영향을 주었다. 물질에 대한 집착을 버리고 진정한 자유를 찾는 가르침이 내 마음에 울림을 주었다.

"진정한 소유는 비움에서 시작된다"는 법정 스님의 말씀은 병으로 많은 것을 잃은 나에게 새로운 관점을 제시했다. 몸의 일부를 잃고 여성으로서의 깊은 상실감을 얻었지만 오히려 그 '비움'을 통해 더 본질적인 것들을 볼 수 있게 되었다.

영적 탐구의 본질적 의미

이 모든 영적 여정을 통해 내가 정말로 찾고자 했던 것은 무엇이었을까? 돌이켜 보면, 나는 진짜 '신'을 찾고 있었다. 이 우주 만물, 모든 것을 통찰하고 주관하는 그 존재를 언젠가는 만나고 싶었다. 그런 근본적인 질문들이 나를 살아 움직이게 했다. 죽음이란 무엇인가? 우리는 어떻게 태어나고 왜 죽어야 하는가? 왜 인간은 죽음 앞에서 이렇게 무너질 수밖에 없는가? 우리가 만물의 영장이라면, 왜 그에 걸맞게 살지 못하는가? 이런 질문들이 내 마음속에 깊이 있게 스며들었다.

여러 종교와 영적 전통을 탐구하면서 나는 모든 종교의 핵심에는 결국 같은 진리가 존재한다는 사실을 알게 되었다. 그것은 사랑, 자비, 용서 그리고 우리가 단순한 물질적 존재를 넘어선 존재라는 인식이었다. 종교는 서로 다른 언어로 같은 이야기를 하고 있다.

기독교는 하나님의 사랑을, 불교는 자비와 깨달음을, 도교는 자연과의 조화를, 이슬람은 알라에 대한 복종과 평화를 이야기한다. 하지만 그 모든 것의 중심에는 우리의 영혼이 무언가 더 크고 위대한 것과 연결되어 있다는 인식이 자리하고 있었다.

> **생각해 보기**
>
> ▪ 당신의 삶에서 가장 중요한 영적 경험은 무엇이었나?
> ▪ 서로 다른 문화와 종교의 가르침을 접하는 것이 당신의 영적 시야를 넓힐 수 있다고 생각하는가?
> ▪ 물질적 풍요 속에서도 영적 공허함을 느끼는 이유는 무엇이라고 생각하나?

깨달음 한 조각

다양한 종교적 탐구를 통해 나는 외부에서 신을 찾는 것이 아니라 내면으로 깊이 들어가는 것이 진정한 영적 여정임을 깨달았다. 모든 종교는 같은 산을 오르는 다른 길일 뿐이며, 어떤 길을 선택하든 진실되게 걸으면 결국 같은 깨달음의 정상에 도달한다. 진정한 영성은 특정 교리나 의식에 갇히지 않으며, 그것은 모든 존재와의 깊은 연결감, 무조건적인 사랑 그리고 매 순간의 경이로움 속에서 발견된다. 신을 찾는 여정은 결국 자신을 찾는 여정이며, 자신 안에 있는 신성을 발견하는 과정이다.

내 인생을 바꾼 세 번의 사고: 시련에서 발견한 삶의 목적

예고 없는 삶의 전환점

2009년 봄, 따스한 햇살이 내리쬐는 오후였다. S직업정보학교로 강의를 하러 가는 길, 나는 자전거를 타고 논길을 한가로이 달리고 있었다.

그때였다. 아주 좁은 골목에서 갑자기 차 한 대가 튀어나왔다. 잠시 멈추는 듯하더니, 초보 운전자가 브레이크 대신 엑셀러레이터를 밟아 내 자전거를 그대로 들이받았다.

내 몸이 하늘로 붕 떴다가 바닥에 떨어졌다. 양팔과 무릎에 심한 골절을 입고 병원에 입원했다. 수술 후 겨우 몸을 회복해 어렵게 얻은 직장이었는데, 3개월도 채 되지 않아 이런 사고를 당한 것이다.

그때 나는 인생이 언제든 예고 없이 완전히 바뀔 수 있다는 사실을 뼈저리게 깨달았다.

우연 혹은 운명

첫 번째 사고에서 회복되어 일상으로 돌아간 지 1년이 채 안 되었을 때, 두 번째 사고가 찾아왔다. 유치원에서 부모 특강을 마치고 집으로 돌아가는 길이었다.

"강사님, 오늘도 수고 많으셨습니다. 부모님들이 너무 좋아하시네요."

고맙다는 인사를 받으며 기분 좋게 운전대를 잡았다. 맑은 하늘 아래, 좋아하는 노래를 듣기 위해 라디오를 켰다. 내 왼쪽에 서 있던 버스가 먼저 앞으로 움직이고 이제 나도 기어를 넣으려던 순간이었다. 반대 차선에서 달려오던 승용차가 갑자기 내 운전석 쪽으로 돌진했다. 버스에 가려 내 차를 보지 못하고 급하게 좌회전하다 벌어진 일이었다.

이번에는 어깨와 다리 골절로 두 달간 병원에 입원해야 했다. '또다시'라는 생각이 나를 괴롭혔다. 한 번은 우연이라 치더라도, 두 번이나 연달아 사고를 당하니 의문이 들었다. 운이 없는 것인가? 아니면 내게 무언가 문제가 있는 것인가? 병원 침대에 누워 천장을 바라보며 나는 처음으로 이 사고들이 단순한 우연이 아닐지도 모른다는 생각을 하기 시작했다.

마음 심(心) 모양의 상처

끝이 아니었다. 또 다른 교통사고가 나를 덮쳤다.

처음으로 큰 수익이 발생하는 계약을 맺고 돌아오는 길, 나는 기쁨에 들떠 미래에 대한 희망으로 가득 차 있었다.

고가를 지나 내리막길을 달리는데, 앞에 흰색 소나타가 차선을 이리저리 바꿨다.

"술 취했나? 왜 저렇게 왔다 갔다 하는 거야?"

아주 잠깐 백미러를 조정한 순간, 그 차가 1차선에서 좌회전하려던 걸 분명히 봤는데 어느새 내가 달리던 2차선으로 넘어와 내 차 앞에 멈춰 섰다.

나는 있는 힘을 다해 급브레이크를 밟았다. 3미터가량의 스키드마크가 남았지만 충돌을 피할 수 없었다.

상대 차량에는 5명의 고등학생이 타고 있었다. 친구 엄마의 차를 몰래 끌고 나온, 면허도 없는 아이들이었다.

쿵, 내 이마가 유리창에 부딪혔다.
이마가 시원해지더니 흰 블라우스 위로 선홍색 피가 뚝뚝 떨어졌다.
앞이 점점 흐려졌다. 어디선가 앰뷸런스 소리가 들렸다.
누군가 나를 차에서 끌어내 침대에 눕혔다.
꿈인지 생시인지 흔들리는 불빛 속으로 나는 달려가고 있었다.

마주한 내면의 상처

이마에 출혈이 심해서 8시간 동안이나 지혈 후 수술에 들어갔다.
수술 후 거울 앞에 섰다.
내 얼굴은 프랑켄슈타인 같았다.
이마에 남은 상처는 단순한 흉터가 아니었다. 내 마음 한가운데, 오래도록 덮어두었던 슬픔과 두려움, 외로움이 내 얼굴 위에 '심(心)'이라는 이름으로 새겨진 듯했다.

살을 찢는 통증이 지나간 자리에, 마음을 찢던 고통이 고스란히 드러나 있었다.

'내 마음에 문제가 있었나? 그래서 이렇게 다친 건가?'

병실 침대에 누워 천장을 바라보며 깊이 생각했다. '이것이 내 마지막이었다면? 그랬다면 나는?' 나는 내 앞에 닥친 상황들에 대해 내가 할 수 있는 선택이 없었다는 사실에 허탈했다. 삶과 죽음의 경계에서, 나는 내가 그동안 진정으로 중요하게 여겼던 것이 무엇인지 돌아보게 되었다. 경력, 성공, 물질적 성취…. 그런 것들이 정말 중요했던가?

봉합 자국이 따끔거릴 때마다, 내 마음 깊은 곳에서 오래된 상처가 다시 욱신거렸다.

영적 깨달음의 시작

이런 생각으로 가득 차 있을 때 우연히, 병실의 테이블 위에 놓인 성경책이 눈에 들어왔다. 그동안 다양한 종교와 영적 전통을 탐구해 왔지만, 이 순간만큼 성경의 말씀이 내게 직접 말을 거는 것 같았던 적은 없었다.

성경을 읽고 또 읽었다. 이해되지 않는 부분이 많았지만, 신의 뜻을 알고 싶은 마음이 너무나 간절했다. 퇴원 후에도 성경을 깨닫고 싶은

열망은 식지 않았다. 그래서 성경을 가르쳐 줄 만한 사람들을 찾아다녔다.

그동안 품어 왔던 모든 질문들—죽음이란 무엇인가, 우리는 왜 태어나고 죽는가, 삶의 의미는 무엇인가—에 대한 답이 바로 성경 안에 있다는 사실을 깨달았다. 그것은 단순한 지적 호기심을 넘어, 온 마음으로 느끼는 깊은 깨달음이었다.

'그동안 내가 공부해 온 모든 것에 대한 답이 이 성경에 다 담겨 있었구나!'

내 삶의 사고들은 우연이 아니라, 나를 이 깨달음으로 인도하기 위한 과정이었다는 생각이 들었다.

고통과 시련이 때로는 우리를 더 깊은 영적 진리로 인도하는 통로가 될 수 있다는 것을 체험했다. 내가 걸어온 길, 그 고통스러운 사고들이 없었다면 내가 지금 이 깨달음에 도달할 수 있었을까?

모든 것이 의미 있게 연결되어 있다는 느낌이 들었다.

> **생각해 보기**
>
> ■ 당신의 삶에서 반복되는 시련이나 어려움이 있는가? 그것을 통해 당신이 얻게 된 특별한 메시지가 있었나?
> ■ 위기 상황에서 당신은 어디에서 위로와 힘을 찾는가?
> ■ 당신의 경험과 깨달음이 비슷한 어려움을 겪고 있는 다른 사람에게 도움이 되기를 바라는가??

깨달음 한 조각

시련은 우리를 무너뜨리기 위한 것이 아니라 우리 안에 숨겨진 강함을 발견하게 하는 소중한 선물이다. 모든 것을 내려놓을 준비가 되었을 때 비로소 진정한 평안을 발견할 수 있고, 외적인 상황이 아닌 내면의 태도가 삶의 질을 결정한다. 삶의 가장 큰 비극은 고통 자체가 아니라 그 고통에서 아무것도 배우지 못하는 것이다. 모든 사고와 위기는 우리에게 삶의 유한함을 깨닫게 하고, 궁극적으로 우리의 존재 이유와 삶의 목적을 찾도록 인도하는 의미 있는 여정이다.

진인사(盡人事)와 대천명(待天命)

몸과 마음의 연결

몸의 병은 종종 마음의 불안과 깊이 연결되어 있다. 나는 스트레스, 불안, 분노가 내 상태를 악화시킨다는 것을 경험했고, 내면의 평화를 찾는 것이 무엇보다 중요하다는 사실을 절감했다.

하지만 매일 아침 명상으로 하루를 시작하고, 밤에는 감사 일기를 쓰는 일은 결코 쉽지 않았다. 습관을 들이기 위해 형식적으로라도 꾸준히 시도해 봤지만, 이미 지친 몸과 마음으로는 그마저도 큰 부담이었다.

주변에서는 "병을 이겨 내기 위해 건강에 좋다는 것은 모두 시도해 봐야 한다"는 조언을 쏟아 냈지만, 그때의 나는 그저 그 말들을 흘려들을 뿐이었다. 더 큰 문제는 내가 결과에 너무 집착하고 있다는 것이었다. '이렇게 노력했으니 반드시 나아져야 해'라는 생각은 오히려 내게 올무가 되었다.

엄격한 식이요법과 운동을 했는데도 검사 결과가 좋지 않았을 때 나는 모든 것을 포기하고 싶었다. 하지만 시간이 지나면서 내 마음에 조금씩 힘이 올라왔고, 내가 통제할 수 있는 것은 오직 내 노력뿐, 결과는 내 손을 벗어난 영역이라는 것을 받아들였다.

그때 문득 엄마가 자주 하시던 말씀이 떠올랐다.

"사람 일은 사람이 하고, 하늘 일은 하늘이 해 주신다."

최선을 다한 후 결과는 하늘에 맡기는 것이 삶의 모든 영역에서 내게 가장 귀중한 지혜가 되었다. 진정한 평화는 모든 것을 통제하려는 욕망을 내려놓을 때 비로소 찾아온다.

진인사대천명: 내가 통제할 수 없는 것 받아들이기

'진인사대천명(盡人事待天命)'. '진인사(盡人事)'는 '사람이 스스로 할 일에 최선을 다하고, '대천명(待天命)'은 '하늘의 뜻을 기다린다'는 의미다. 종교적 믿음과 상관없이, 이는 우리가 통제할 수 없는 현실을 받아들이는 지혜를 말한다.

의사에게 "당신의 몸은 80대와 같다"는 말을 들었을 때, 나는 두 가지 선택지가 있었다. 그 현실을 부정하며 계속 싸울 수도 있고, 받아들이고 그 안에서 새로운 길을 찾을 수도 있었다. 나는 후자를 선택했다. 그리고 그것이 오히려 내게 자유를 가져다주었다.

"내 몸의 한계를 인정하기로 마음을 먹게 되자, 역설적이게도 더 많은 가능성이 보이기 시작했다. '완전한 치유'라는 환상에서 벗어나, '의미 있는 삶'이라는 현실적인 목표로 전환했다."

있는 그대로의 현실을 인정하는 것. 내 경우, 그것은 내 몸이 평범한 40대의 몸이 아니라는 것을 인정하는 것이었다.

중요한 것은, 현실을 인정하는 것이 곧 포기가 아니라는 점이다. 오히려 현실적인 출발점에서 다시 시작하는 용기다.

새로운 의미 부여

나는 내 한계와 결핍에 새로운 의미를 부여하기 위해 노력했다.
"내 건강 문제는 단순한 불운이 아니다. 이 경험이 없었다면 지금과 같은 생각의 깊이와 지혜를 가질 수 없었을 것이다."
내 상황에 새로운 의미를 부여함으로써, 나는 희생자가 아닌 나만의 이야기를 만들어 가는 주인공이 되고자 했다. 그리고 현실의 제약 안에서 새로운 가능성을 발견하려고 했다.

"오랫동안 병마와 싸우다 보니 내가 원래 하고 싶었던 일들은 포기해야 했다. 그 대신 내 경험을 글로 쓰고 강연하는 새로운 길을 발견했다. 이 길은 오히려 더 많은 사람들에게 선한 영향력을 미칠 수 있는 기회를 주었다."

균형의 지혜

'진인사'와 '대천명'은 서로 대립되는 개념이 아니라, 하나의 지혜의 두 측면이다. 진정한 삶의 미학은 이 둘 사이의 균형을 찾는 데 있다. 너무 '진인사'에만 치우치면 통제에 집착하게 되고, 너무 '대천명'에만 의존하면 모든 걸 운명 탓을 하며 수동적이 되기 쉽다. 지혜로운 삶은 이 두 극단 사이의 중용을 찾는 것이다.

생각해 보기

- 당신의 삶에서 '진인사'와 '대천명'이 균형을 이루지 못했던 순간이 있었는가? 그때 어떤 결과가 나타났나?
- 당신이 통제할 수 없는 현실을 부정하며 싸우고 있는 부분이 있는가?
- 그 현실을 받아들인다면 어떤 새로운 가능성이 열릴 수 있다고 생각하나?
- '최선을 다한다'와 '완벽해야 한다'의 차이가 있다고 생각하는가?

깨달음 한 조각

진정한 지혜는 우리가 통제할 수 있는 것에 최선을 다하고(진인사), 통제할 수 없는 것은 받아들이는(대천명) 균형에서 비롯된다. 현실을 있는 그대로 인정하는 것은 포기가 아니라 새로운 시작이다. 우리의 한계와 어려움은 단순한 장애물이 아니라, 더 깊은 지혜와 의미를 발견할 수 있는 기회가 될 수 있다. 완벽함을 추구하기보다 지속 가능한 것에 최선을 다하며, 과정 자체에 가치를 두는 삶이 진정한 행복으로 이어지는 것이다.

팔자와 마음:
내가 선택할 수 있는 것

운명의 틀 이해하기

"내 팔자는 원래 이런 건가?"

힘들 때 어르신들은 "팔자가 사나워서 그래."라고 위로하곤 한다.

동양의 전통에서는 '팔자'라는 말을 자주 사용한다. 사주팔자(四柱八字)는 타고난 운명, 즉 우리가 태어날 때 이미 정해진 운명의 틀을 의미한다. 나는 오랫동안 내 건강 문제가 바로 이 '팔자'의 일부라고 생각했다. 어떻게 해도 바꿀 수 없는 타고난 운명이라고. 어느 정도는 그렇다고 인정한다. 내 경우를 보면, 유전적으로 몸이 약한 편이다. 두 번의 대수술과 세 번의 교통사고까지 겪었다. 그래서 지금 이런 건강 상태가 되었다. 이건 내가 아무리 노력해도 바꿀 수 없는 현실이다. 어떻게 보면 정말 '팔자'인 셈이다.

마음의 선택

처음에는 이게 너무 억울했다. "왜 하필 나야?" 하며 원망도 많이 했다. 팔자는 바꿀 수 없다. 그러나 마음은 바꿀 수 있다. 같은 현실도 내가 어떻게 바라보느냐에 따라 완전히 다른 경험이 된다.

요즘 사람들은 '마인드셋'이라는 말을 많이 쓴다. 사실 이건 새로운 개념이 아니다. 우리 조상들도 이미 '마음먹기에 달렸다', '정신력으로 이겨 낸다'와 같은 말을 통해 같은 진리를 전해 왔다. 동양의 철학에서는 오래전부터 "세상에 길흉이 존재하는 이유는 정(貞)한 사람이 이기도록 하기 위함이다"라고 했다. 사람이 마음을 곧고 바르게 먹으면 힘들고 어려운 난관도 극복할 수 있다는 뜻이다.

의사가 "당신의 몸은 80대와 같다"고 말했을 때, 나는 그것을 절망의 선고로 받아들일 수도 있었다. 그러나 나는 이렇게 생각하기로 마음먹었다.

"40년의 삶에서 80년의 지혜를 얻을 수 있는 특별한 기회가 내게 주어졌구나."

팔자는 바꿀 수 없어도 마음은 바꿀 수 있다고 생각한다. 내 상황과 한계는 그대로일지라도, 그것을 바라보는 나의 시선과 태도는 내가 선택할 수 있다.

결핍 속에서 의미 찾기

결핍과 한계는 우리 모두의 삶에 존재한다. 그것은 건강의 문제일 수도, 경제적 어려움일 수도, 인간관계의 상처일 수도 있다. 이러한 결핍들은 언뜻 보기에 우리 삶의 걸림돌처럼 보인다. 그러나 이 결핍 속에서도 의미 있는 삶을 살아갈 수 있는 길이 있다.

내 삶에서 두 번의 대수술과 세 번의 교통사고가 가져다준 결핍은 내 삶의 방향을 완전히 바꾸었다. 처음에는 이것이 불행으로 느껴졌지만, 돌이켜 보면 이 경험들이 내 삶을 더 깊고 의미 있게 만들었다.

"건강하기만 했다면, 나는 아마도 세상의 표면만 스치며 살았을지 모른다. 하지만 아픔을 통해 나는 삶의 깊이와 인간 경험의 다양한 측면을 이해하게 되었다."

적극적인 삶의 태도

삶은 결핍을 부정하거나 그것에 굴복하는 것이 아니다. 그것을 내 삶의 일부로 통합하는 것이다. 내가 통제할 수 없는 제약은 받아들이고, 그 안에서 내가 할 수 있는 모든 것을, 내가 선택한 방식으로 해 나가는 것이다. 단순한 운명 수용이 아니라 적극적인 삶의 태도다. 그것은 모든 상황에서 자신의 존엄성과 자유를 지켜 나가는 방식이다.

생각해 보기

- 당신의 삶에서 '바꿀 수 없는 팔자'라고 여겨 왔던 것은 무엇인가?
- 당신이 겪고 있는 결핍이나 한계가 오히려 당신에게 특별한 통찰이나 영감을 준 경험이 있는가?
- 같은 상황을 다르게 바라볼 수 있는 방법이 있는가?

깨달음 한 조각

우리는 타고난 환경이나 겪게 되는 사건들을 모두 통제할 수는 없다. 그것을 어떻게 해석하고 받아들일지는 우리의 선택이다. 진정한 자유는 모든 것이 완벽할 때가 아니라, 제약과 한계 속에서도 자신의 태도와 반응을 선택할 수 있을 때 경험된다. 우리의 결핍과 상처는 단순한 불운이 아니라, 더 깊은 지혜와 공감을 발견할 수 있는 특별한 렌즈가 될 수 있다. 팔자는 바꿀 수 없어도 마음은 바꿀 수 있다(진인사대천명)라는 선현의 지혜가 현대를 살아가는 우리에게도 여전히 유효하다.

물질주의 시대 영적 각성:
현대인의 영적 갈망을 찾아서

물질과 정신 사이의 균형

원하던 것을 다 가졌는데도 뭔가 허전한 느낌을 경험해 본 적이 있을 것이다. 좋은 직장, 괜찮은 연봉, 나름 성공했다고 할 만한 삶을 살고 있는데도 문득 '그런데 왜?'라는 생각이 들 때가 있다. 겉으로 보기엔 모든 게 다 있는 것 같은데, 마음 한구석은 늘 허전했다. 오랫동안 외면하고 있던 내 안의 또 다른 목소리가 어느 순간부터 들리기 시작했다.

이런 내면의 목소리는 개인만의 문제가 아니다. 우리 사회가 물질적으로는 점점 더 풍요로워지고 있지만, 과연 정신적 충족감도 함께 높아졌을까? 고도로 발전된 과학 기술과 물질 문명은 삶의 편의를 크게 향상시켰지만, 동시에 많은 사람들이 내면의 공허함을 느끼는 현상이 나타나고 있다.

이런 현상은 최근 인기를 끄는 영화나 드라마 속에서도 자주 그려진다. 겉으론 모든 걸 가진 듯 보이지만, 진짜 행복과 만족을 찾아 방황하는 인물들이 우리 자신을 비추는 거울처럼 느껴진다.

대중문화에 반영된 내면의 목소리

최근 몇 년간 〈도깨비〉, 〈호텔 델루나〉, 〈경이로운 소문〉, 〈우리가 만난 기적〉 같은 작품들이 큰 인기를 얻었다. 이 작품들은 영혼의 여행, 삶과 죽음의 경계, 보이지 않는 세계와의 연결 같은 주제를 다루고 있다. 이러한 이야기가 대중의 공감을 얻는 이유는 단순한 판타지적 재미를 넘어, 현대인들의 내면적 질문을 반영하기 때문이다. 이는 비단 한국에만 국한된 현상이 아니다. 넷플릭스의 〈굿 플레이스〉, 디즈니의 〈소울〉 그리고 영국 BBC의 〈애프터라이프〉 같은 작품들도 삶의 의미와 죽음 이후의 세계를 탐구하며 전 세계적으로 인기를 끌었다.

이 이야기들이 다루는 건 결국 '보이지 않는 세계'와 '삶의 의미'에 대한 우리의 갈증이다.

주인공들은 대부분 평범한 일상을 살다가 갑자기 다른 차원의 존재들을 만난다. 그리고 그 과정에서 자신의 진짜 모습을 발견하고, 정말 중요한 게 무엇인지 깨닫게 된다. 이게 바로 우리가 무의식적으로 원하는 것, 일상의 반복에서 벗어나 더 깊은 의미를 찾고 싶은 마음이 아닐까?

현대인의 정신 건강과 삶의 의미

　요즘 정신 건강에 대한 관심이 부쩍 늘었다. SNS에서도 '멘탈 케어', '마음 챙김' 같은 단어들을 자주 본다. 재미있는 건, 물질적으로 더 풍요로워진 나라일수록 이런 고민이 더 많다는 것이다. 배고픔은 사라졌는데, 마음의 배고픔은 오히려 더 커진 것이다. 이는 자연스러운 현상이다. 기본적인 욕구가 충족되면, 인간은 자연스럽게 더 높은 차원의 만족을 추구하게 되기 때문이다.
　WHO는 건강을 '단순히 질병이나 결손이 없는 상태가 아니라 신체적·정신적 그리고 사회적으로 완전히 안녕한 상태'로 정의한다. 이 정의를 생각해 보면, 우리의 일상적인 인사말 "안녕하세요?"는 단순히 '잘 지내세요?'라는 의미만 담겨 있지 않다. 몸도, 마음도 그리고 영혼까지 모든 게 평화로운 상태를 말하는 것이다. 우리는 매일 서로에게 "정말 모든 게 평안한가요?"라고 묻고 있었던 것이다. 생각해 보니 참 아름다운 인사가 아닌가.

내면의 목소리에 귀 기울이기

내가 변화를 시작했을 때 가장 먼저 한 일은 간단했다. 그냥 조용히 앉아서 내 마음의 소리를 들어 본 것이다. 처음엔 어색했다. "뭘 들으라는 거야?" 싶었다. 그런데 계속하다 보니 정말 많은 목소리들이 들리기 시작했다.

"이게 정말 내가 원하는 삶일까?"
"왜 이렇게 공허하지?"
"진짜 행복한 건 뭘까?"

이런 질문들이 내 안에서 계속 흘러나왔다. 그동안 너무 바빠서 듣지 못했던 목소리들이었다.

우리는 소셜미디어로 전 세계 사람들과 연결되어 있지만, 역설적으로 고립감과 외로움은 증가하고 있다. 정보의 홍수 속에서도 '내가 누구인지', '어떻게 살아야 하는지'에 대한 근본적인 질문에 답하기는 쉽지 않은 이유다.

일상에서 찾는 내면의 평화

현대인에게 필요한 건 거창한 영적 각성이 아니라 일상 속에서의 작은 균형일지도 모른다. 각자 상황과 신념에 맞게 접근할 수 있는 다양한 방법이 있다.

먼저, 하루 10분만이라도 휴대폰 없이 지내 보자. 아침에 일어나서 바로 휴대폰을 보는 대신, 10분 동안 창밖을 바라보거나 천천히 차를 마셔 본다. 처음엔 뭔가 불안할 수도 있다. 그게 정상이다. 우리가 얼마나 자극에 중독되어 있는지 알 수 있기 때문이다.

자연과 친해져 보는 것도 좋다. 베란다에 작은 화분 하나 두고 매일 물을 주거나, 주말에 가까운 공원을 천천히 걸어 본다. 나무가 어떻게 자라는지, 하늘이 어떤 색인지 관찰해 보는 것도 좋은 방법이다.

진짜 대화를 해 보자. "오늘 어땠어?"라고 물을 때, 정말로 상대방의 대답을 들어 본다. 그리고 나의 이야기도 솔직하게 해 본다. "그냥 그랬어." 대신 "사실 오늘 이런 생각이 들었어. 그래서…"라고 말해 본다.

작은 친절을 베풀어 보자. 엘리베이터에서 문을 열어 주거나, 지하철에서 자리 양보를 하거나, 동료에게 진심으로 "고생했어요."라고 말해 본다. 이런 작은 행동들이 생각보다 큰 변화를 가져온다.

창작의 즐거움을 찾아보는 것도 방법이다. 그림, 음악, 요리, 글쓰기, 뭐든 상관없다. 잘하려고 애쓰지 말고 그냥 즐기면 된다. 나도 처음 글을 쓸 때 정말 서툴렀다. 하지만 뭔가를 만들어 내는 기쁨은 그 무엇과도 비교할 수 없다.

물론 이런 방법들이 모두에게 똑같이 적용되는 건 아니다. 각자 상황과 성향에 맞게 자신만의 균형을 찾아가는 게 중요하다.

조화와 균형을 찾는 여정

물질주의가 제공하는 편안함과 효율성은 분명한 가치가 있다. 동시에 내면의 목소리에 귀 기울이는 것 또한 충만한 삶을 위해 필요한 요소이다. 이 두 가지는 대립되는 것이 아니라 상호보완적인 관계다. 둘 중 하나를 굳이 포기할 필요는 없다는 것이다.

대중문화에서 볼 수 있는 초자연적 이야기들이 인기를 끄는 것은 어쩌면 우리 안에 있는 보이지 않는 것들에 대한 호기심과 공감의 표현일지도 모른다. 외부의 기준이나 성취가 아닌, 자신에게 진정으로 중요한 것이 무엇인지 탐색하고 그에 따라 살아갈 때 우리는 더 균형 잡힌 삶을 경험할 수 있다.

보이는 세계와 보이지 않는 세계, 물질적 안녕과 정신적 충만함 사이의 조화를 찾아가는 여정이 바로 현대를 살아가는 우리 모두의 과제다. 그리고 그 여정에서 진정한 의미의 '안녕'을 발견할 수 있기를 희망한다.

> **생각해 보기**
>
> ■ 당신이 가장 평안함을 느끼는 순간은 언제인가?
> ■ 만약 내일부터 휴대폰 없이 하루를 보낸다면, 그 시간에 무엇을 하고 싶은가?
> ■ 당신에게 영원한 삶이 허락되었다면, 당신의 시간을 무엇을 하는 데 투자할 것인가?

깨달음 한 조각

물질은 우리의 손을 채우지만, 영성은 우리의 영혼을 채운다. 진정한 부는 소유한 것의 양이 아니라 내면의 충만함에서 온다. 외부 세계를 여행하는 것보다 더 위대한 여행은 자신의 내면을 탐험하는 것이다. 신을 찾는 여정은 결국 자신을 찾는 여정이며, 진정한 안녕은 몸과 마음, 영혼이 조화를 이룰 때 찾아온다. 우리 모두에게 필요한 것은 보이는 세계와 보이지 않는 세계 사이의 균형이다.

혼란의 시대, 마음을 돌보는 길:
정신 건강과 인간성의 회복

마음이 아픈 시대

요즘 뉴스를 보면 마음이 무거워진다. 매일같이 들려오는 안타까운 소식들. '도대체 왜 이런 일이 일어나는 걸까?' 하는 생각이 절로 든다. 정신 건강 문제로 고민하는 사람들이 정말 많아졌다. 특히 코로나19 이후로는 더 심해졌다. WHO 통계를 보니 팬데믹 첫해에만 불안과 우울증이 25%나 늘었다고 한다. 주변을 둘러보면 겉으로는 멀쩡해 보이는데, 속으로는 힘들어하는 사람들이 참 많다. 이러한 정신적 고통은 때로 자신과 타인에게 해로운 행동으로 표출되기도 한다. 이는 단순히 개인의 문제가 아니라 사회 전체가 함께 고민하고 해결책을 모색해야 할 과제다. 문제는 이런 마음의 고통을 어떻게 봐야 할지, 어떻게 다뤄야 할지 잘 모른다는 것이다. 몸이 아프면 병원에 가는 게 당연한데, 마음이 아플 때는 어떻게 해야 할지 막막하다.

우리가 질문해야 할 것은 이러한 정신의 문제, 마음의 문제를 어떻게 이해하고 어떻게 접근해야 하는가다.

어느 드라마에서 정신과 의사는 자신을 '마음 수선공'이라 칭하며, 정신적 고통을 겪는 환자에게 이렇게 말한다.

"당신은 미친 게 아니고 아픈 것입니다."

최근 뇌과학에서는 우울증이나 불안장애 같은 것들이 뇌 속 신경전달물질의 불균형 때문에 생긴다고 설명한다. 마치 당뇨병 환자가 인슐린이 부족한 것처럼, 우울증 환자는 세로토닌이 부족한 것이다. 이렇게 생각하면 정신과 치료받는 게 그렇게 이상한 일이 아니다. 미친 것은 정상에서 벗어난 비정상적인 상태라는 부정적 낙인을 담고 있지만, 아픈 것은 치유 가능한 상태를 의미한다. 육체가 아프면 의사를 찾듯이, 마음이 아프면 적절한 치료와 도움을 구할 수 있다는 희망의 메시지다.

마음의 고장, 어디서 고칠까?

세탁기가 고장 나면 서비스 센터에 전화하고, 차가 이상하면 정비소에 간다. 그런데 마음이 고장 났을 때는 어디로 가야 할까? 병원에서 약을 처방받고 상담을 받는 것도 물론 도움이 된다. 하지만 사람의 마음은 기계처럼 단순하지 않다. 약만 먹거나 상담만 받는다고 마음이 완전히 나아지지 않는다. 마음이 건강해지려면 여러 방면에서 노력이 필요하다. 잘 먹고, 잘 자고, 운동하는 것이 중요하며, 좋은 사람들과 시간을 보내는 것도 필요하다. 무엇보다 내가 왜 사는지, 뭘 위해 사는지 찾아가는 과정이 가장 중요하다.

내 안의 그림자를 마주하기

정신 건강의 회복에서 중요한 부분은 자신의 내면을 있는 그대로 바라보고 수용하는 것이다. 우리는 모두 밝은 면과 어두운 면을 가지고 있다. 누구나 남에게 보이고 싶지 않은 모습이 있고, 인정하고 싶지 않은 감정이 있다. 완벽한 사람은 없으며, 자신의 약점과 한계를 인정하는 것이 오히려 건강한 자아상을 형성하는 데 도움이 된다. 심리학자 칼 융은 "자신의 그림자를 인정하지 않는 사람은 그것의 노예가 된다"고 말했다. 자신의 부정적인 면까지도 인정하고 받아들일 때, 내가 화를 잘 낸다는 걸 인정하지 않으면 계속 화에 휘둘리며 살게 된다. 오히려 "그래, 나는 가끔 질투도 하고 화도 내는 사람이야."라고 인정하면 그런 감정이 올라올 때 더 잘 다룰 수 있다. 완벽한 사람은 없다. 그걸 인정하는 순간, 오히려 마음이 편해지고 온전한 자기 자신이 될 수 있다. 이러한 자기 수용은 타인에 대한 이해와 공감으로 이어진다.

함께 만들어 가는 건강한 사회

정신 건강 문제를 가진 사람들을 이상하게 보는 시선이 아직도 많다. "정신과 다닌다"고 하면 뭔가 큰일 난 것처럼 생각한다. 하지만 감기 걸렸을 때 병원 가는 것처럼, 마음이 아플 때도 당연히 도움을 받아야 한다. 우리 사회가 더 건강해지려면 이런 편견부터 없애야 한다. 그리고 각자가 자신의 마음을 돌보는 시간을 가져야 한다. 하루에 10분이라도 내 마음이 어떤지 들여다보는 시간을 가진다면, 우리 모두 조금씩 더 건강해질 수 있다. 마음의 회복은 하루아침에 되는 게 아니다. 하지만 작은 노력들이 모이면 분명 변화가 일어난다. 내 안의 상처를 인정하고, 도움이 필요할 때 손을 내밀 수 있는 용기. 그것이 진정한 회복의 시작이다.

생각해 보기

- 마음이 힘들 때 누구에게 털어놓는가? 혹시 혼자 끙끙 앓고 있지는 않은가?
- 내가 인정하기 싫은 나의 모습은 무엇인가?
- 주변에 마음이 힘든 사람이 있다면 어떻게 도와줄 수 있을까?
- 매일 내 마음을 돌보기 위해 할 수 있는 작은 일은 무엇일까?

깨달음 한 조각

인간의 마음은 가장 복잡하고 신비로운 영역이다. 정신적 고통은 단순한 결함이 아니라 치유를 기다리는 상처다. 완벽한 정신 건강이란 모든 부정적 감정이 없는 상태가 아니라, 그러한 감정들도 건강하게 다룰 수 있는 능력이다. 자신의 내면을 있는 그대로 바라보는 용기가 치유의 첫걸음이며, 이러한 자기 이해는 타인에 대한 이해와 공감으로 확장된다. 모든 인간은 성장하고 회복할 수 있는 잠재력을 지니고 있으며, 이 가능성을 믿는 것이 건강한 사회의 시작이다.

만물의 영장,
그 의미를 다시 생각하다

인간의 특별한 위치와 책임

우리는 흔히 인간을 '만물의 영장'이라 부른다. 이 표현은 여러 문화와 전통에서 인간이 자연과 생태계 내에서 차지하는 특별한 위치를 의미한다. 동서양의 많은 철학과 사상은 인간에게 자연을 지키고 조화롭게 공존해야 할 책임이 있다고 말한다. 이런 관점에서 보면, 우리의 정신적·심리적 건강은 단순히 개인의 문제가 아니라 우리가 세상에서 맡은 역할을 잘 수행하기 위한 중요한 조건이 된다. 건강한 정신 상태를 유지할 때, 우리는 자신과 주변 세계에 대해 더 책임감 있게 행동할 수 있다.

수용소에서 발견한 인간의 비밀

정신과 의사 빅터 프랭클은 나치 수용소에 끌려갔던 사람이다. 가족도 잃고, 쓰던 원고도 빼앗기고, 이름 대신 번호로 불렸다. 어느 날 새벽, 강제 노동을 가는 길이었다. 옆 사람이 속삭였다.
"저 하늘 좀 봐."
캄캄한 하늘에 별 하나가 반짝이고 있었다. 그 순간, 프랭클은 깨달았다. '그래도 저 별을 아름답다고 느낄 수 있는 내가 있구나.' 그는 자신의 저서 『죽음의 수용소에서』 의미를 추구하는 것이 인간의 가장 기본적인 동기라고 말했다.

> "모든 것을 빼앗겨도 단 한 가지, 어떤 상황에서든 자신의 태도를 선택할 자유만은 빼앗을 수 없다."

수용소에서 살아남은 사람들의 공통점이 있었다. 의미를 가진 사람들이었다. 어떤 이는 다시 만날 가족을 위해, 어떤 이는 이 경험을 세상에 알리기 위해, 어떤 이는 단지 내일 아침 해를 보기 위해 버텼다. 많은 사람들에게 이 의미는 자신을 넘어선 더 큰 무언가와의 연결에서 발견된다. 이러한 초월적 경험은 다양한 형태로 나타날 수 있다. 종교적인 사람들에게는 기도나 예배를 통한 신성한 경험일 수 있고, 다른 이들에게는 자연의 경이로움을 통한 경외감이나 예술 작품에 깊이 몰입하는 순간, 혹은 다른 사람과의 깊은 연결을 느끼는 경험일 수 있다. 이러한 순간들은 우리에게 위안과 활력을 주며, 삶의 어려움을 넘어설 힘을 준다.

목적의식과 희망

삶의 의미와 목적은 어려운 시기를 견디게 하는 강력한 자원이다. 저명한 심리학 연구에 따르면, 강한 목적의식을 가진 사람들은 스트레스에 더 잘 대처하고, 더 긴 수명과 더 나은 정신 건강을 누리는 경향이 있다. 목적은 다양한 형태로 나타날 수 있다. 가족을 돌보는 것, 사회에 기여하는 일을 하는 것, 창의적 표현을 통해 아름다움을 창조하는 것, 지식을 추구하고 나누는 것 등 각자의 가치관과 상황에 따라 다른 형태를 띨 수 있다. 희망은 이러한 목적을 향해 나아가는 과정에서 중요한 정서적 지지대가 된다. 심리학자 찰스 스나이더는 희망을 "원하는 목표를 달성할 수 있는 경로를 찾고, 그 경로를 따라갈 동기를 유지하는 능력"으로 정의했다. 이러한 희망은 우리가 어려움에도 불구하고 계속 전진할 수 있게 해 준다.

혼자가 아닌 우리

인간은 사회적 존재며, 타인과의 연결은 우리의 정신 건강에 필수적이다. 하버드에서 80년 넘게 사람들을 추적한 연구가 있다. 무엇이 사람을 행복하게 만드는지 알아보려는 연구의 결과는 놀라웠다. 돈? 아니다. 명예? 그것도 아니다. 답은 '좋은 관계'였다. '외로움은 하루에 담배 15개비를 피우는 것만큼 해롭다.' 코로나19 때 가장 힘들었던 게 뭐였나? 사람들을 못 만나는 것이었다. 우리는 정말 혼자서는 살 수 없는 존재다. 아침에 마시는 커피도 누군가 재배하고, 볶고, 운송하고, 판매한 덕분이다. 내가 쓰는 모든 물건, 아는 모든 지식이 다 누군가의 노력 덕분이다.

건강한 공동체는 개인이 자신의 취약점을 안전하게 표현하고, 서로의 성장을 지원하며, 공통의 가치와 목표를 추구할 수 있는 공간을 제공한다. 이러한 공동체는 종교 모임, 관심사 기반 그룹, 직장 팀, 또는 친밀한 친구 관계 등 다양한 형태를 취할 수 있다. 특히 최근 연구들은 의미 있는 소속감이 외로움과 고립을 줄이고, 정신 건강을 증진하는 데 중요한 역할을 한다고 보고하고 있다.

생각해 보기

- 정말 힘들 때 무엇이 (혹은 누가) 당신을 버티게 했는가?
- 우리가 동물과 다른 점은 무엇이라고 생각하는가?
- 당신에게 초월적 경험이란 무엇이며, 이러한 경험이 당신의 삶에 어떤 영향을 주는가?

깨달음 한 조각

인간은 생물학적 존재를 넘어 의미와 목적을 추구하는 존재다. 인간이 특별한 건 완벽해서가 아니라 불완전함을 알면서도 계속 성장하려 하기 때문이다. 우리는 스스로 만든 우리에 갇히기도 하지만, 그 우리에서 나올 자유도 가지고 있다. 가장 어두운 곳에서도 별을 볼 수 있는 눈, 작은 친절이 만드는 큰 변화를 믿는 마음, 혼자가 아닌 함께 살아가는 지혜. 이것이 우리를 특별하게 만든다. 오늘도 우리는 조금씩 성장한다. 때로는 뒤로 가는 것 같아도, 결국은 앞으로 나아간다. 혼자가 아니라 함께.

영원을 꿈꾸는 인간,
우리는 왜 영생을 갈망하는가

영원을 향한 본능적 갈망

인간은 태어남과 동시에 죽음을 향해 걸어간다. 누구나 알고 있는 진리다. 그럼에도 우리는 '천수를 누리소서', '만수무강하소서', '영원히 사랑하자'라는 말을 자연스럽게 한다. 한 번도 100년, 200년을 살아 본 적 없는 인간이 '영원'이라는 단어를 입에 담는 이유는 무엇일까?

예전에 한 아버지가 아이에게 장수한다는 모든 생물의 이름을 모아 특이한 이름을 지어 주었다는 이야기가 있다. "김수한무 거북이와 두루미 삼천갑자 동방삭…" 하는 그 긴 이름이다. 그런데 아이가 물에 빠졌을 때, 그 아버지는 긴 이름을 다 부르다 정작 아이를 구하지 못했다는 아이러니한 소재를 다룬 코미디가 있었다. 이는 단순한 유머를 떠나 인간의 본질적 욕망을 보여 준다. 장수를 바라는 마음이 오히려 생명을 단축시킨 아이러니한 상황이지만, 인간의 영생에 대한 갈망을 잘 보여 주는 예시다.

역사 속의 영생 추구

진시황은 권력과 부를 모두 가졌음에도 영생을 위해 불로초를 찾았다. 그는 서복(徐福)이라는 방사를 동남동녀 수천 명과 함께 바다 너머로 파견했다. 서복은 진시황에게 "동해에 세 신산이 있으니, 봉래, 방장, 영주라 하며 그곳에 신선이 살고 불로초가 있다"고 말했다. 기록에 따르면 서복은 제주도까지 왔으며, 심지어 일본에 정착해 일본 최초의 천황이 되었다는 설도 있다. 아이러니하게도 영생을 갈망하던 진시황은 불로장생을 위해 복용한 수은 성분의 약으로 인해 중독되어 죽었다. 그는 주변의 사람들이 50세도 못 살고 죽어 가는 것을 보았음에도, 왜 그토록 영원한 삶을 갈망했을까? 이는 인간 본연의 갈망을 보여 주는 역사적 예시다.

현대의 영생 추구자들

현대에도 이러한 갈망은 계속된다. 구글의 공동 창업자인 레이 커즈와일은 '영생 프로젝트'를 진행하고 있다. 그는 60대의 나이에

40대의 몸 상태를 유지하기 위해 하루에 약값만 수백만 원을 쓴다고 한다. 그의 책『특이점이 온다』에서 커즈와일은 기술 발전이 기하급수적으로 가속화되어 2045년경에는 '특이점'에 도달할 것이라고 주장한다. 이 특이점에서 인간 지능과 기계 지능이 융합되어 생물학적 한계를 초월하는 시대가 열린다는 것이다. 그는 인간의 뇌를 컴퓨터에 업로드하는 기술, 나노 로봇을 통한 신체 기능 강화, 유전자 치료 등을 통해 자신이 500세까지 살 수 있다고 믿는다. 역사적으로도 많은 문화와 종교에서 장수와 영생에 대한 이야기가 전해져 왔다. 예를 들어, 성경에는 므두셀라가 969세까지 살았다는 기록이 있다. 레이 커즈와일과 같은 현대인들이 영생에 관심을 갖는 것은 인류의 오랜 문화적·종교적 배경과도 연결되어 있다.

영원에 대한 인식과 삶의 태도

우리가 '영원'이라는 개념을 이해하고 표현할 수 있는 것은 흥미로운 현상이다. 인간의 직접 경험은 한정된 시간 속에 있지만, 우리의 의식은 그 한계를 넘어 영원이라는 추상적 개념을 상상하고 갈망할 수 있다. 일부 신경과학자들은 인간의 뇌가 진화 과정에서 축적된 방대한 정보와 패턴을 저장하고 있으며, 이것이 우리의 직접 경험을 넘어선 사고를 가능하게 한다고 본다. 영원한 삶을 추구하는 것은 단순히 죽지 않기를 바라는 것 이상의 의미를 갖는다. 그것은 우리의 삶의 태도를 근본적으로 바꾼다. 만약 우리가 100년, 200년, 300년까지 살 수 있다면 어떨까? 만약 다른 행성에 가서 살 수 있는 시대가 온다면? 삶을 죽음을 향해 달려가는 것이 아니라, 영원을 향해 나아가는 과정으로 본다면 우리는 다르게 살게 된다. 죽음의 불안에 떨지 않고, 끊임없이 거듭나는 삶을 살 수 있다.

인간다운 삶의 의미

짐승처럼 사는 것이 아니라 인간다운 삶을 산다는 것은 무엇일까? 그것은 단순히 육체적 욕구를 충족시키는 것을 넘어, 의미와 목적을 추구하는 것이다. "만수무강하소서", "영원히 사랑합니다"라는 말은 단순한 경애(擎愛)의 표현이 아니라, 우리 내면에 존재하는 시간을 초월하고자 하는 열망을 드러낸다. 우리가 영원을 꿈꾸는 것은 허황된 상상이 아니라 인간의 본질적인 부분이다. 그리고 그 갈망은 우리를 더 높은 차원의 삶으로 인도한다. 내가 두 번의 대수술과 세 번의 큰 교통사고를 겪으며 죽음의 문턱을 경험했을 때, 영원에 대한 이러한 생각은 나에게 큰 위로와 힘이 되었다. 삶이 단지 짧은 순간이 아니라 더 큰 이야기의 일부라는 인식은 고통 속에서도 또 다른 의미를 찾게 해 주었다.

> **생각해 보기**
>
> ■ 만약 당신이 200년을 살 수 있다면, 지금과는 어떻게 다른 계획을 세우고 싶은가?
> ■ 당신에게 '인간다운 삶'이란 무엇인가? 그것은 영원에 대한 인식과 어떤 관계가 있는가?
> ■ 현대 기술의 발전이 인간의 수명을 크게 연장시킬 수 있다면, 그것이 가져올 윤리적·사회적 변화는 무엇일까?

깨달음 한 조각

인간이 영원을 갈망하는 것은 우리 존재의 핵심에 있는 본질적인 특성이다. 이 갈망은 단순한 죽음에 대한 두려움을 넘어, 우리의 삶에 더 깊은 의미와 목적을 부여한다. 영원에 대한 인식은 현재의 삶을 더 의미 있게 살아가는 원동력이 된다. 진정한 인간다움은 단순히 육체적 욕구를 충족시키는 것이 아니라 삶의 의미와 목적을 추구하는 데 있다. 우리가 "영원히"라는 말을 할 수 있는 것은 우리의 의식이 시간의 한계를 초월할 수 있는 능력을 가졌기 때문이며, 이러한 인식은 우리를 더 깊고 풍요로운 삶으로 인도한다.

우주와 인간, 그 신비로운 연결: 당신이 만물의 영장이라는 진실

만물의 영장, 그 의미를 되돌아보며

인간을 '만물의 영장(靈長)'이라 부르는 데는 이유가 있다. 영묘한 힘을 가진 우두머리, 즉 모든 생물 중 최상위 존재라는 의미다. 학술적으로도 인간이 속한 '영장류(Primate)'라는 명칭은 라틴어 'Prime'에서 유래했다. 이는 '첫 번째 지위'를 뜻한다.

아이들 말로 표현하자면 우리는 지구상의 모든 생명체 중 옵티머스 프라임(Optimus Prime), '킹왕짱'인 셈이다. 그러나 현실을 돌아보면, 과연 우리가 만물의 영장다운 삶을 살고 있는지 의문이 든다. 물리적 힘에서는 고릴라에 미치지 못한다. 후각은 개보다 못하다. 시력은 독수리에 비할 수 없다. 그렇다면 무엇이 우리를 진정한 '만물의 영장'으로 만드는 것일까? 여러 문화권에서는 인간이 특별한 존재로 창조되었다고 말한다. 그런데 왜 우리는 그 위대함을 제대로 발휘하지 못하는 것일까?

뇌 속에 담긴 우주의 신비

우리 뇌 속에는 약 860억 개의 신경세포(뉴런)가 있다. 이들이 만들어 낸 신경망의 모습은 놀랍게도 우주의 은하계 구조와 유사한 패턴을 보인다. 2019년 프랑코 바자-로드리게스 연구진은 인간 뇌의 신경망과 우주의 물질 분포 패턴 사이에 구조적 유사성을 발견했다. 일부 뇌과학자들은 "우리의 뇌 속에 우주가 담겨 있다"고 표현한다. 또한 인체는 약 37조 개의 세포로 이루어져 있다. 이 셀 수 없이 많은 세포들이 놀라운 조화를 이루며 우리를 구성하고 있다.

우주와 인간, 놀라운 일치의 패턴들

자연계에는 다양한 패턴의 유사성이 존재한다. 인간의 눈동자는 '신의 눈동자'라 불리는 헬릭스 성운과 형태적으로 닮았다. 이 성운은 물병자리 근처에서 발견되는 별 구름으로, 마치 우주 한가운데서 우리를 바라보는 거대한 눈처럼 보인다. 또한 헬릭스 성운의 나선형 구조는 DNA의 이중나선 구조와 시각적 유사성을 보인다. 우주의 별 생성 과정과 세포의 탄생 과정도 패턴이 유사하다. 이는 많은 과학자와 철학자들의 호기심을 자극한다. 자연계의 패턴 유사성은 인체에만 국한되지 않는다. 오팔 보석의 미세 구조는 부엉이 눈과 비슷하다. 식물 성장과 강의 분기점은 프랙탈 구조(작은 부분이 전체와 비슷한 모양을 반복하는 구조)를 따른다. 이런 유사성들은 우주와 자연계에 공통된 법칙이 작용함을 보여 준다.

다양한 시각에서 본 창조와 연결의 의미

이러한 패턴의 유사성은 여러 문화에서 다양하게 해석된다. 성경에서는 "너희는 눈을 높이 들어 누가 이 모든 것을 창조하였나 보라 주께서는 수효대로 만상을 이끌어 내시고 각각 그 이름을 부르시나니 그의 권세가 크고 그의 능력이 강하므로 하나도 빠짐이 없느니라"(사40:26)라고 말한다. 창조주의 설계가 만물에 반영되어 있다고 본다. 동양 도가에서는 '도법자연(道法自然)'이라 한다. 도는 자연을 법칙으로 삼는다는 뜻으로, 우주의 근본 원리가 자연과 인간에 일관되게 나타난다고 본다.

불교는 연기설(緣起說)을 통해 모든 존재의 상호 연결성을 강조한다. 현대 과학은 이런 유사성을 자연법칙과 진화의 결과로 설명한다.

만물의 영장이 지닌 진정한 의미

우리가 만물의 영장이라 불리는 이유는 단순히 뛰어난 지능 때문만이 아니다. 우리 안에 우주의 패턴이 반영되어 있고, 그 패턴을 인식할 수 있는 유일한 존재이기 때문이다. 우리의 몸은 자연의 법칙을 고스란히 담고 있다.

하지만 현대 사회에서 우리는 알림, 마감, 사회적 기대 속에 기며 살아간다. 생존과 경쟁에 집중하다 보면 우리가 본래 얼마나 특별한 존재인지 잊기 쉽다. 물질적 소유와 사회적 지위에 집착할수록 우리의 시선은 점점 외부로 향한다. 남들과 비교하며 자신의 부족함만 바라보는 사이, 우주와의 연결성은 점점 희미해진다.

진정한 만물의 영장은 다른 생물을 지배하는 존재가 아니다. 우주와 자연의 일부임을 깊이 깨닫고, 그 안에서 책임감과 겸손함을 가지고 살아가는 존재다. 이런 태도야말로 인간이 만물의 영장이라는 이름에 걸맞는 삶의 방식임을 다시 한번 생각해 본다.

별의 먼지에서 영혼의 빛으로

우리 육체는 문자 그대로 '별의 먼지'로 이루어져 있다.

몸을 구성하는 탄소, 산소, 질소, 철 등은 모두 별의 핵융합과 초신성 폭발을 통해 탄생했다.

천문학자 칼 세이건은 "우리 몸을 이루는 물질은 원래 별의 중심에서 만들어졌습니다. 우리는 별의 물질로 이루어진 존재들입니다."라고 말했다.

우리의 의식 역시 이 별의 물질로 이루어진 두뇌에서 작동한다. 우주의 법칙과 조화를 이루는 이 놀라운 기관을 통해 우리는 스스로의 존재를 인식한다.

가만히 자신을 들여다보면, 그 안에 우주의 신비가 고스란히 담겨 있음을 깨닫게 된다.

만물의 영장으로서 우리는 이 연결성을 자각하며 살아갈 때, 비로소 진정한 인간으로 거듭날 수 있다. 별의 먼지에서 시작된 우리의 여정이, 영혼의 빛으로 이어진다는 사실이 경이롭게 다가온다.

생각해 보기

- 오늘 당신은 어떤 순간에 '만물의 영장'다운 생각을 해 보았는가? 일상의 사소한 문제에 매몰되어 있지는 않았는가?
- 별의 물질로 이루어진 존재로서, 당신의 고민과 걱정은 우주적 관점에서 어떤 의미를 갖는가?
- 뇌와 우주의 구조적 유사성을 생각할 때, 당신은 환경과 다른 생명체에 대해 어떤 책임을 느끼는가?

깨달음 한 조각

우리는 우주의 물질로 이루어진 몸으로 그 우주를 인식하는 유일한 존재다. 이는 우연이 아닌 자연의 경이로운 법칙이 만든 결과다. 당신의 매 호흡에는 수십억 년의 우주 역사가 담겨 있다. 오늘 하루, 자신을 우주의 신비를 담은 경이로운 존재로 바라보라. 이 깨달음은 환경 보호, 생명체 존중, 또는 이웃을 향한 따뜻한 미소로 표현될 것이다. 그것이 진정한 만물의 영장으로 사는 길이다.

AI(인공지능) 시대의 영성: 인간 고유성의 재발견

AI 시대의 생존 전략: IQ에서 EQ 그리고 SQ로

　AI 시대에 인간은 어떻게 자신의 고유한 가치를 유지할 수 있을까? 전문가들은 AI가 쉽게 모방할 수 없는 인간만의 능력을 발전시켜야 한다고 조언한다. 그것은 바로 '마음'과 '영혼'의 영역이다. AI 시대에는 지능 지수(IQ)보다 감성 지수(EQ)가 더 중요해질 것이다. EQ는 자신과 타인의 감정을 인식하고, 감정을 관리하며, 공감하는 능력을 의미한다. AI는 감정을 시뮬레이션 할 수 있을지 모르지만, 진정한 감정적 경험과 공감은 인간만의 영역일 가능성이 높다. 더 나아가, 영성 지수(SQ)가 높은 사람이 미래 사회에서 더 큰 가치를 창출할 수 있다. SQ는 2000년 다나 조하르와 이언 마셜이 제안한 개념으로, 삶의 의미와 가치, 목적에 대한 근본적인 질문을 하고 이상적인 삶을 추구하는 능력을 의미한다. 여기에는 창의성, 통찰력, 지혜, 온전성, 전체성에 대한 인식이 포함된다.

AI 시대의 인간 고유성: 영성의 역할

21세기는 인성뿐만 아니라 '신성', 즉 영성을 갖춘 자가 미래를 이끌어 갈 것이다. 인공지능이 데이터 처리와 패턴 인식에서 인간을 능가할지라도 의미 창출과 목적 설정, 존재의 가치 탐구는 여전히 인간의 영역으로 남을 가능성이 높다. 물론, AI도 어느 정도 '영성'을 시뮬레이션 할 가능성이 있다. 2023년 옥스퍼드대학교의 AI 윤리 연구소에서 발표한 보고서에 따르면, 고도로 발달한 AI 시스템은 윤리적 추론과 가치 판단 능력을 갖출 수 있다고 한다. 그러나 이것이 진정한 영적 경험과 동일한지, 또는 단순한 시뮬레이션인지에 대한 철학적 질문은 여전히 남아 있다.

인간 고유성의 재발견: 기술 시대의 영적 깨달음

AI 시대에 인간 고유성을 재발견하기 위해서는 내면의 여정이 필요하다. 명상, 자연 속 시간 보내기, 의미 있는 대화, 예술적 표현 등은 단순한 여가 활동이 아니라 인간의 본질을 깨닫는 중요한 수단이 될 수 있다. 현대 신경과학 연구에 따르면, 명상과 같은 영적 활동은 뇌의 구조와 기능에 긍정적인 변화를 가져온다. 이는 스트레스 감소, 집중력 향상, 공감 능력 증진 등으로 나타난다. 흥미롭게도 이러한 영적 활동은 우리의 뇌를 AI와는 근본적으로 다른 방식으로 발달시킨다. 내 개인적인 경험에서도 건강의 위기를 겪으며 발견한 영적 차원의 깨달음은 어떤 기술도 대체할 수 없는 가치를 지니고 있었다. 죽음의 문턱에서 마주한 의식의 확장은 모든 데이터와 알고리즘을 초월하는 경험이었다.

미래를 위한 균형: 기술과 영성의 조화

미래 사회에서 우리가 지향해야 할 것은 기술의 거부가 아니라 기술과 인간 고유성의 조화다. AI가 발전할수록, 역설적으로 우리는 더욱 인간다움의 본질에 집중할 필요가 있다.

물리학자이자 철학자인 데이비드 보엄은 "외부 세계와 내면의 의식은 하나의 통합된 전체의 서로 다른 측면"이라고 말했다. 마찬가지로, 기술 발전과 영적 성장은 인류 진화의 두 측면으로 볼 수 있다. AI 시대에 진정한 인간다움을 유지하기 위해서는, 기술이 제공하는 효율성과 인간만이 경험할 수 있는 영적 차원의 깊이 사이에서 균형을 찾아야 한다. 이러한 균형은 자신을 깊이 알고, 타인과 진정으로 연결되며, 삶의 의미를 탐구하는 과정에서 이루어진다.

> **생각해 보기**
>
> ■ 인공지능이 발달한 미래 사회에서 인간만이 가질 수 있는 고유한 능력은 무엇이라고 생각하는가?
> ■ 기술 발전과 영적 성장은 어떻게 조화롭게 이루어질 수 있을까?
> ■ 당신이 경험한 순간 중, AI가 절대 이해하거나 경험할 수 없을 것 같은 순간은 언제였는가?

깨달음 한 조각

우리의 뇌는 단순한 생물학적 기관이 아니라, 무한한 가능성과 신비를 담은 우주의 축소판이다. 인공지능 시대에 진정한 인간다움을 지키는 열쇠는 바로 우리 안에 있다. 오늘 잠시 시간을 내어 자신의 내면을 바라보고, 뇌 속에 숨겨진 영성의 씨앗을 발견해 보라. 그것이 자라 나무가 될 때, 당신은 어떤 기술도 모방할 수 없는 인간 고유의 아름다움을 꽃피우게 될 것이다. 기술의 발전이 가속화될수록, 우리 안의 고유한 인간성을 더 깊이 탐구하는 것이 중요하다. 그것이 바로 AI 시대의 진정한 지혜다.

AI 시대, 당신의 새로운 경쟁력은 '영성 지수(SQ)'다

인간 뇌에 대한 거대한 도전

인류 역사상 가장 위대한 과학 프로젝트 중 하나였던 인간 게놈 프로젝트(HGP)는 2003년 완료되어 인간의 유전자 지도를 완성했다. 이제 세계 각국은 또 다른 도전을 시작했다. 바로 인간 뇌의 복잡한 작동 원리를 밝히는 일이다. 현대 신경과학 연구에 따르면, 인간의 뇌는 약 1.4kg 무게에 약 860억 개의 신경세포와 8,500억 개의 신경교세포가 있으며, 이들은 수조 개의 시냅스로 연결되어 있다(미국 국립보건원, 2020). 이런 놀라운 복잡성 때문에 뇌는 여전히 과학의 최전선에 있는 미지의 영역이다.

글로벌 뇌 연구 현황

미국은 2013년 오바마 정부에서 'BRAIN Initiative(Brain Research through Advancing Innovative Neurotechnologies)'를 출범시켰으며, 2023년까지 약 52억 달러의 예산이 투입되었다(NIH, 2023). EU는 2013년부터 2023년까지 'Human Brain Project'에 약 6억 유로를 투자했고, 일본도 'Brain/MINDS Project'를 통해 뇌 연구에 상당한 자원을 할당하고 있다.

이러한 연구들은 단순히 뇌의 구조를 밝히는 데 그치지 않는다. 신경 질환 치료와 인공지능 발전에도 직접적인 영향을 미치고 있다. 인간 뇌의 작동 원리를 이해할수록 AI 기술도 더욱 발전하는 상호 보완적 관계를 보이고 있다.

인간 지능의 발전 과정

인간 지능에 대한 이해는 지난 세기 동안 크게 확장되었다. 알프레드 비네의 IQ 개념(1905)은 오랫동안 지능 측정의 표준이었으나, 하워드 가드너의 다중지능이론(1983)은 지능이 언어, 논리-수학, 공간, 음악, 신체-운동 감각, 대인 관계, 자기성찰 등 다양한 영역으로 구성되어 있음을 보여 주었다. 1990년대에는 다니엘 골먼(1995)의 연구를 통해 EQ(감성 지수) 개념이 대중화되었다. 골먼은 자신과 타인의 감정을 인식하고 조절하는 능력이 사회적 성공과 리더십에 중요한 요소임을 입증했다. 그의 연구는 Fortune 500 기업의 CEO들을 대상으로 한 연구에서도 확인되었는데, 뛰어난 리더들은 기술적 능력보다 감성 지능이 더 높은 경향이 있었다.

영성 지수(SQ)의 과학적 기반

2000년, 옥스퍼드대학교의 다나 조하르와 이안 마셜은 그들의 저서 『SQ: 영성지능』에서 SQ 개념을 체계화했다. 그들의 정의에 따르면, SQ는 "우리가 의미, 가치, 목적에 관한 질문을 다루고, 더 넓은 맥락에서 우리의 삶을 이해하는 데 사용하는 지능"이다. 흥미롭게도, 신경과학 연구는 SQ의 생물학적 기반을 지지하는 증거를 제시한다. 캐나다 신경과학자 마이클 퍼싱거와 빈 대학교의 프란츠 볼크마르는 측두엽에서 일어나는 특정 신경 활동이 초월적 경험과 관련이 있음을 발견했다. 또한 캘리포니아 대학의 연구에 따르면, 명상과 같은 영적 실천은 전전두엽 피질의 활동을 증가시키고 뇌의 구조적 변화를 유도할 수 있다.

SQ는 삶의 더 큰 의미와 목적을 찾고, 윤리적 판단을 내리며, 자신의 경험을 통합적으로 이해하는 능력과 관련이 있다. 이는 심리학자 에이브러햄 매슬로우가 말한 '자아실현'의 단계와도 밀접하게 연결된다.

AI 시대의 새로운 경쟁력

AI 시대에 우리는 어떤 역량을 키워야 할까? 옥스퍼드대학교의 칼 프레이와 마이클 오스본(2013)의 연구에 따르면, 창의력, 복잡한 인지 능력, 사회적 지능이 요구되는 직업은 자동화될 가능성이 낮다. 매사추세츠공과대학교(MIT)의 데이비드 오토와 에릭 브린욜프슨 교수는 그들의 저서 『제2의 기계 시대』(2014)에서 "앞으로의 시대에는 기계와 경쟁하는 것보다 기계와 협력하는 능력이 중요해질 것"이라고 강조했다. 단순히 AI에 대항하는 것이 아니라, AI의 강점과 인간의 강점을 결합하는 방향으로 나아가야 한다는 것이다.

AI 시대에 SQ의 가치

맥킨지 글로벌 연구소의 2018년 보고서 「일의 미래: 자동화 시대의 전환」에 따르면, 2030년까지 자동화로 인해 변화하는 직업 환경에서는 기술적 능력과 함께 사회적·감성적 능력이 더욱 중요해질 것이다. 특히 의미 창출, 윤리적 판단, 복잡한 상황에서의 의사 결정 능력이 요구될 것이다. 현재의 AI 시스템은 주로 패턴 인식과 데이터 처리에 집중되어 있다. GPT와 같은 대규모 언어 모델들은 인상적인 텍스트 생성 능력을 보여 주지만, 진정한 의식이나 의도를 가지고 있지는 않다. 이들은 인간이 제공한 데이터에서 패턴을 학습하고 이를 모방할 뿐이다.

세계적인 AI 연구자 욜란다 길(Yolanda Gil)은 "현재의 AI 시스템은 지식을 가지고 있지만, 지혜는 없다"고 지적한다. AI는 정보를 처리하고 분석할 수 있지만, 그 정보의 윤리적 함의나 더 넓은 맥락에서의 의미를 이해하지는 못한다. 이것이 바로 SQ가 중요한 이유다.

AI와의 공존을 위한 새로운 관점

미래는 AI와 인간이 서로 경쟁하는 것이 아니라 각자의 강점을 살려 협력하는 방향으로 나아갈 것이다. 스탠퍼드대학교의 페이페이 리 교수는 "인간-AI 협력(Human-AI Collaboration)" 모델을 제안하며, AI는 인간의 능력을 대체하는 것이 아니라 확장하는 도구가 되어야 한다고 강조한다. 책 『21세기를 위한 21가지 제언』의 저자 유발 하라리는 "AI 시대에 가장 중요한 것은 지속적인 학습 능력과 적응력"이라고 말한다. 특정 기술이나 지식보다 변화하는 환경에 적응하고, 자신을 재발명할 수 있는 능력이 중요하다는 것이다. SQ가 높은 사람들은 변화를 두려워하지 않고, 불확실성 속에서도 의미와 목적을 찾을 수 있다. 이런 능력은 빠르게 변화하는 AI 시대에 귀중한 자산이 될 것이다.

> **생각해 보기**
>
> ■ 나는 IQ, EQ, SQ 중 어떤 영역이 가장 발달되어 있으며, 각 영역을 균형 있게 발전시키기 위해 어떤 노력을 할 수 있을까?
> ■ AI 기술이 내 직업이나 일상에 어떤 영향을 미치고 있으며, 나는 이에 어떻게 적응하고 있는가?
> ■ AI와 협력하여 더 나은 결과를 만들어 낼 수 있는 방법은 무엇일까?

깨달음 한 조각

AI 시대는 도전이자 기회다. 기계가 반복적인 작업을 담당하면서, 우리는 더 인간다운 능력에 집중할 수 있게 되었다. 정보 처리는 AI가 뛰어날 수 있지만, 삶의 의미를 묻고 윤리적 판단을 내리는 것은 인간 고유의 영역이다. 영성 지수(SQ)는 단순한 자기 계발이 아닌, 신경과학과 심리학에 기반한 개념이다. 명상, 자연과의 교감, 의미 있는 관계 형성, 자기 성찰을 통해 우리는 SQ를 향상시킬 수 있다. 미래에는 AI와 경쟁보다 협력이 중요하다. 지식(IQ)과 감성(EQ)에 영성(SQ)이 더해질 때, 우리는 기술 발전과 인간다움이 조화를 이루는 미래를 만들어 갈 수 있다.

Chapter 4

신의 설계도: 우주와 닮은 우리의 뇌

 살다 보면 문득문득 '사는 게 왜 이렇게 힘들지?'라는 의문이 들 때가 있다. 그리고 생로병사에 대한 답도 없는 굴레를 벗어나 보려고 신을 찾게 된다. 보이지도, 만져지지도 않는 그 존재에 대한 막연한 그리움으로 말이다. 하지만 신은 그리 먼 곳에 있지 않았다. 휴대전화에 위치 추적을 할 수 있도록 위성에서 신호를 보내듯, 우리가 헤매지 않고 신을 찾을 수 있도록 우리 뇌 속에 우주의 지도를 새겨 놓은 것이다.

 2019년 프랑코 바자-로드리게스와 그의 연구팀은 우주의 거대 구조와 뇌의 신경망 사이에 놀라운 유사성을 발견했다. 쉽게 말하자면, 우리 뇌 속 신경세포들이 서로 연결되는 방식이 우주에서 은하들이 연결되는 방식과 놀랍도록 비슷하다는 것이다. 마치 도시의 지도를 보면 중심지에서 여러 길이 뻗어 나가고 그 길들이 다시 작은 마을들로 이어지는 것처럼, 우리 뇌와 우주 모두 중요한 중심점(허브)에서 많은 연결이 뻗어 나가는 구조를 가지고 있다.

이것이 의미하는 바는 놀랍다. 우리는 단순히 우주에 살고 있는 존재가 아니라 우주의 패턴을 그대로 담고 있는 존재인 것이다. 마치 바닷속 작은 물방울 하나가 바다 전체의 성질을 담고 있는 것처럼, 우리 각자의 뇌는 우주 전체의 설계도를 품고 있다. 이것은 우리 몸이 단순한 물질 덩어리가 아니라, 우주의 신비로운 질서가 그대로 반영된 경이로운 창조물임을 보여 준다.

마음의 마술나무: 뇌신경세포의 신비

우리의 뇌 속에는 '마음의 마술나무'라 불리는 신비로운 구조가 있다. 뇌과학자들이 이런 이름을 붙인 이유는 뇌신경세포의 모양이 정말로 나무와 놀랍도록 닮았기 때문이다. 정원의 나무가 줄기에서 가지를 뻗어 하늘로 향하고 뿌리를 땅속 깊이 내리듯, 우리 대뇌피질의 신경세포들도 비슷한 구조로 이루어져 있다.

상상해 보자. 나무의 줄기는 신경세포의 몸체(세포체)와 같고, 하늘로 뻗은 나뭇가지들은 정보를 받아들이는 수상 돌기와 같다. 그리고 땅속 깊이 뻗은 뿌리는 정보를 다른 세포로 전달하는 축삭 돌기와 같은 역할을 한다.

미국 펜실베니아대학교 신경과학자들은 2년이라는 긴 시간 동안 무려 50만 개의 뉴런을 그림으로 그려 냈다. 이 그림들을 보면 누구나 깜짝 놀랄 것이다. 마치 숲속의 나무들을 보는 듯한 착각이 들기 때문이다. 20세기 초 위대한 신경과학자 산티아고 라몬 이 카할은 이런 뇌세포의 아름다움에 매료되어 이를 "생각의 나비"라고 표현했다. 그가 정성스럽게 그린 뇌세포 드로잉은 100년이 넘는 시간이 흐른 지금도 신경과학자들에게 중요한 참고 자료로 남아 있다.

우리 머릿속에는 이런 마법 같은 나무들이 숲을 이루며, 그 연결이 우리의 생각과 감정, 기억을 만들어 낸다. 놀랍지 않은가?

뇌의 경이로운 구조

우리의 뇌는 신묘막측한 신의 창조물이다. 성경에서도 "내가 주께 감사하오옴은 나를 지으심이 신묘막측하심이라"(시편 139:14)라고 노래했다. 과학이 발전할수록 이 작은 장기의 놀라운 설계가 더욱 분명히 드러난다.

상상해 보자. 우리 머릿속에는 약 860억 개의 신경세포가 빼곡이 들어차 있다. 이 숫자만으로도 놀랍지만, 더 놀라운 것은 각 세포가 최대 20만 개의 다른 세포와 연결될 수 있다는 점이다. 마치 우주의 별들이 중력으로 서로 연결되어 있는 것처럼, 우리 뇌의 세포들도 100조 개가 넘는 연결망을 이루고 있다.

이 작은 우주는 초당 수천억 번의 정보를 처리하며, 우리 은하계의 별 수보다 더 많은 연결을 담고 있다. 한 연구에 따르면 인간의 뇌는 약 2.5 페타바이트의 정보를 저장할 수 있다고 한다. 이는 300만 시간의 HD 영상을 담을 수 있는 어마어마한 용량이다.

이 모든 경이로운 구조를 보면, 신이 우주를 창조하실 때와 같은 섬세한 솜씨로 우리의 뇌를 설계하셨음을 느낄 수 있다. 은하계의 별들과 우리 뇌의 신경세포들은 동일한 창조주의 지문이 담긴 위대한 작품인 것이다.

인간을 특별하게 만드는 전두엽

인간 뇌의 보물 창고 중에서도 가장 빛나는 보석이 바로 '전두엽'이다. 우리 머리 앞쪽에 자리한 이 특별한 영역은 대뇌피질의 무려 40%를 차지한다. 이 비율이 얼마나 놀라운지 다른 동물들과 비교해보면 금방 알 수 있다. 고양이는 고작 3.5%, 충성스러운 개는 7%, 심지어 우리와 유전적으로 가장 가까운 침팬지도 17%에 불과하다.

이 차이는 마치 작은 마을의 도서관과 대학교의 중앙도서관 크기를 비교하는 것과 같다. 신은 인간에게 특별히 더 크고 발달된 전두엽을 선물했고, 이것이 우리를 다른 생명체와 구분 짓는 핵심이 되었다.

전두엽은 우리 뇌의 지휘자다. 웅장한 오케스트라에서 지휘자가 모든 악기의 조화로운 연주를 이끌어 내듯, 전두엽은 우리 뇌의 다양한 기능을 조율한다. 계획을 세우고, 중요한 결정을 내리며, 순간적인 충동을 억제하고, 다른 사람의 마음을 이해하는 능력까지. 이 모든 인간만의 고차원적 기능이 전두엽에서 이루어진다.

더 놀라운 점은 전두엽이 우리의 미래를 디자인하는 공간이라는 것이다. 다른 동물들이 주로 현재의 본능과 욕구에 반응하는 반면, 우리는 전두엽 덕분에 다가올 미래를 상상하고 설계할 수 있다. '내일은 어떻게 될까?', '5년 후에는 무엇을 하고 있을까?', '이 선택이 나중에 어떤 결과를 가져올까?' 이런 질문들을 가능케 하는 것이 바로 창조주가 우리에게 선물한 전두엽의 특별한 능력이다.

> **생각해 보기**
>
> ■ 당신의 뇌가 무한한 가능성을 가지고 있다는 사실을 알았을 때, 어떤 분야에서 새로운 도전을 시작하고 싶은가?
>
> ■ 당신의 뇌 속에서 신비로운 질서를 발견한 적이 있는가? 그때 어떤 경험을 했는가?
>
> ■ 당신의 뇌 속 '마음의 마술나무'는 어떤 모습일지 상상해 보라. 건강하게 자라고 있는가?

깨달음 한 조각

당신의 뇌는 우주처럼 광활한 가능성을 품고 있다. 860억 개의 신경세포와 100조 개의 연결은 당신만의 독특한 우주를 형성한다. 이 경이로운 구조는 단순한 우연이 아닌, 정교한 설계의 산물임을 과학은 점점 더 명확히 보여 주고 있다. 우리가 그토록 찾아 헤매던 신비는 어쩌면 우리 안에 이미 존재하는지도 모른다. 오늘 하루, 자신의 내면에 담긴 이 경이로운 우주를 잠시 생각해 보라.

고통을 넘어서: 전두엽의 힘

교통사고를 당한 김영진, 낙하산 추락 사고를 겪은 최정호, 등산 사고를 겪은 엄홍길 그리고 사지 없이 태어난 닉 부이치치. 이들의 공통점은 무엇일까? 이들은 모두 끔찍한 고통과 역경을 겪었지만, 그것을 극복하고 오히려 더 큰 성장을 이루었다. 뇌과학적 분석 결과, 이들이 고통을 견디는 힘은 일반인보다 훨씬 높았으며, 감정을 담당하는 변연계가 아닌 판단과 분석을 담당하는 전두엽이 활발하게 작동했다.

채정호 교수(가톨릭대학교 의과대학 정신과)는 이런 현상에 대해 "고통을 통해 미처 알지 못했던 자신의 존재감, 삶의 목적, 주변 사람들에 대한 고마움이 생기면서 영성이 깊어지고 전반적으로 다른 사람이 되는 것"이라고 설명한다. 이런 심리적 성장은 '외상 후 성장'이라 불리며, 역설적으로 끔찍한 고통을 겪은 후에 일어난다.

닉 부이치치는 이렇게 말한다.

"어떤 기억은 바꿀 수 없고, 절대 변하지 않을 것입니다. 자신이 바꿀 수 없는 것을 생각하지 말고 바꿀 수 있는 것에 집중하세요."

신경가소성의 기적

지난 100년간 뇌과학의 가장 놀라운 발견 중 하나는 '신경가소성'이다. 쉽게 말해, '뇌는 훈련하면 변화한다'는 원리다. 예전에는 뇌세포가 한번 손상되면 영구적으로 회복되지 않는다고 여겨졌지만, 최신 연구는 이러한 통념을 완전히 뒤엎었다.

우리의 뇌는 마치 유연한 점토처럼 평생 새롭게 빚어진다. 80세 노인이 바이올린을 배울 때마다 뇌는 그 손길에 맞춰 형태를 바꾼다. 그 과정에서 뇌에 새로운 신경 연결이 형성된다. 우리의 뇌는 평생 동안 성장하고 발전할 수 있는 놀라운 능력을 지니고 있다.

생각이 만드는 뇌의 변화

더 놀라운 것은 우리가 어떤 생각을 하느냐에 따라 뇌의 구조가 실제로 달라진다는 점이다. 긍정적인 생각은 뇌의 전전두피질을 활성화시키고 새로운 신경 연결을 촉진한다. 그러나 지속적인 부정적 사고는 스트레스 호르몬을 증가시켜 기억을 담당하는 뇌 영역을 위축시킨다.

캐롤린 리프 박사의 연구에 따르면, 우리가 생각할 때마다 뇌에서는 수많은 화학 물질이 분비된다. 이 화학 물질은 뇌세포의 모양을 직접적으로 형성한다. 한 실험에서 참가자들은 3주간 긍정적 사고를 연습했다. 그 결과 뇌의 신경 연결 패턴에 유의미한 변화가 관찰되었다. 이는 우리의 생각이 단순한 추상적 개념이 아니라 물리적으로 뇌 구조를 재구성하는 힘을 가졌음을 증명한다.

끊임없이 새로워지는 뇌

세상은 사람이 늙으면 뇌 기능이 쇠퇴한다고 말한다. 그러나 최신 연구들은 노년기에도 뇌의 신경가소성이 유지된다는 것을 보여준다. 시편에서 말하는 "시냇가에 심은 나무가 시절을 좇아 과실을 맺으며 그 잎사귀가 마르지 아니함 같으니"라는 구절은 현대 뇌과학이 입증하는 지속적인 성장과 갱신의 가능성을 아름답게 표현한 것이다.

신경가소성의 원리는 우리가 뇌를 바라보는 관점을 바꾸어 놓았다. 뇌세포가 저절로 늙어 가는 것이 아니라, 우리의 생각과 행동이 뇌의 노화 속도를 결정한다. 내가 늙었다고 생각하고 포기하는 순간, 뇌도 함께 늙어 간다. 반대로 긍정적인 생각과 새로운 도전은 뇌에 새로운 회로를 만들어 발전시킨다.

뇌의 건강을 위한 인식의 전환

뇌가 가장 싫어하는 것은 자극이 없는 것이다. 자극이 없으면 신경망에 변화가 일어나지 않기 때문이다. 몸을 움직이는 운동에서부터 새로운 것을 배우는 학습, 다른 사람들과의 관계 형성까지, 이 모든 경험들이 뇌에 새로운 변화를 만들어 낸다.

특히 책 읽기는 뇌에 특별한 자극을 준다. 읽기는 단순한 기술이 아니라 뇌의 여러 영역을 활성화시키는 강력한 도구다. 우리가 책을 읽을 때, 뇌는 마치 교향곡을 연주하듯 다양한 영역이 조화롭게 작동한다.

또한 뇌와 몸은 서로 긴밀하게 연결되어 있다. 신체 활동은 뇌의 혈류를 증가시키고 새로운 신경 세포 생성을 촉진한다. 특히 청소년기의 규칙적인 운동은 두뇌 발달에 매우 중요하다. 운동 후에는 학습 능력과 집중력이 향상되는데, 이는 운동이 뇌의 '성장 호르몬'을 증가시키기 때문이다.

> **생각해 보기**
>
> ■ 평소에 어떤 생각이 머릿속을 가장 많이 차지하는가?
> ■ 자신의 생각과 감정의 흐름(사고 패턴)을 관찰해 본 적이 있는가?
> ■ 새로운 기술을 배울 때 당신의 뇌는 어떻게 반응하는가?

깨달음 한 조각

　　당신의 생각은 뇌를 물리적으로 재구성하는 힘을 가지고 있다. 3주라는 짧은 시간 동안의 긍정적 생각만으로도 뇌 구조에 변화가 일어난다는 사실은 우리에게 큰 희망을 준다. 매 순간 당신이 선택하는 생각들이 뇌 속 '마음의 마술나무'를 어떻게 성장시킬지 결정한다. 오늘 하루, 뇌의 가소성을 활용하여 긍정적인 생각으로 새로운 신경 연결을 만들어 보라. 당신은 자신의 뇌를 재창조할 수 있는 창조자다.

르네상스 대가들이 본
인체와 우주의 신비

르네상스 시대의 위대한 예술가들은 그림 속에 깊은 메시지를 담았다. 그들은 단순한 창작자가 아닌 과학자이자 철학자였으며, 인간의 몸을 통해 우주의 신비를 탐구했다.

미켈란젤로의 〈아담의 창조〉: 뇌 속에 담긴 통찰

로마 바티칸의 시스티나 성당 천장에는 미켈란젤로가 4년 넘는 시간 동안 완성한 경이로운 작품이 있다. 그중에서도 〈아담의 창조〉는 가장 유명한 장면이다. 힘없이 누워 있는 아담과 활기찬 모습으로 손을 뻗는 창조주의 모습이 강렬한 대비를 이룬다.

여기서 놀라운 점은 창조주와 천사들을 감싸고 있는 붉은 천의 형태다. 의학자 프랭클린 메시버거는 이 붉은 천이 인간 뇌의 단면도와 놀랍도록 닮았다는 사실을 발견했다. 창조주의 위치는 정확히 뇌의 전두엽 부분에 해당하며, 이는 인간 지성의 중심이다.

미켈란젤로는 이 작품이 "특별한 영감으로 탄생한 기적"이라고 고백했다. 그는 젊은 시절부터 시신 해부에 참여했으며, 그의 일기에는 해부학에 관한 깊은 관심이 기록되어 있다.

이 작품은 우리에게 중요한 메시지를 전한다. 창조의 지혜가 우리 뇌 속에 내재되어 있으며, 인간과 창조주는 뇌라는 매개체를 통해 연결될 수 있다는 것이다.

다빈치의 〈비트루비우스적 인간〉: 우주의 축소판인 인체

레오나르도 다빈치는 미켈란젤로와 함께 르네상스를 대표하는 천재였다. 그의 작품 〈비트루비우스적 인간〉은 인체와 우주의 관계를 가장 아름답게 표현한 걸작이다.

이 그림에서 다빈치는 팔과 다리를 벌린 인간의 형상을 정사각형과 원으로 둘러쌌다. 정사각형은 지구를, 원은 우주를 상징한다. 이를 통해 다빈치는 인간이 우주의 축소판이라는 깊은 통찰을 전했다.

> "인간의 치수는 그냥 만들어진 것이 아니다. 그것은 세상에 존재하는 아름다움을 표현한 완벽한 수치다."

다빈치의 이 말은 인체에 담긴 신비로운 질서를 가리킨다. 그는 인

채 곳곳에서 황금 비율(1:1.618)을 발견했는데, 이 비율은 고대부터 '신의 비율'로 불려 왔다.

소우주로서의 인간, 우주의 질서 속에서 찾는 아름다움

미켈란젤로와 다빈치, 이 두 거장이 공통적으로 탐구한 것은 인간을 만든 창조적 원리와 우주의 질서 사이의 연결성이다. 그들은 인체의 아름다움을 통해 우주의 위대함을 보여 주려 했다.

'인간은 작은 우주'라는 개념은 르네상스 시대를 넘어 수 세기 동안 유럽의 종교, 과학, 예술에 깊은 영향을 미쳤다. 인간과 우주의 신비로운 연결에 대한 탐구는 오늘날까지 계속되고 있다.

르네상스 시대의 이러한 통찰은 현대 뇌과학의 발견과 놀랍게 맞닿아 있다. 인간의 뇌와 우주의 구조적 유사성, 신경세포와 나무의 형태적 닮음, 인체 비율과 황금 비율의 관계는 모두 자연의 경이로운 설계를 보여 주는 증거들이다.

현대 물리학자 브라이언 그린은 "우주를 이해하려는 우리의 노력은 결국 우리 자신을 이해하려는 노력이기도 하다."라고 말했다. 500년 전 르네상스 예술가들이 그림에 담은 깊은 통찰이 오늘날 과학의 발견을 통해 새롭게 확인되고 있는 것이다.

> **생각해 보기**
>
> ■ 당신은 자신의 뇌 속에서 창조의 신비를 발견한 적이 있는가?
> ■ 인체와 우주의 관계에 대해 생각해 볼 때, 어떤 경이로움을 느끼는가?
> ■ 미켈란젤로와 다빈치의 작품에서 당신은 어떤 영감을 받았는가?

깨달음 한 조각

르네상스 거장들은 인체를 통해 우주의 질서를 발견했고, 이는 현대 과학이 밝혀낸 사실과 놀랍도록 일치한다. 그들의 직관적 통찰력은 단순한 예술적 상상이 아닌, 우주의 근본적 패턴을 꿰뚫어 보는 지혜였다. 우리의 뇌는 단순한 생각의 기관이 아니라 창조적 지혜의 중심이며, 그곳에서 우리는 자연과 우주와의 깊은 연결성을 발견할 수 있다. 오늘 하루, 당신의 몸과 뇌 속에 담긴 우주의 신비를 생각해 보는 시간을 가져 보자.

뇌 속에서 발견하는 영성: 과학과 초월의 만남

인간의 뇌는 단순한 생물학적 장기가 아니다. 이 작은 덩어리에는 우주의 비밀을 간직한 초월적 경험의 흔적이 담겨 있다. 최근 신경과학의 발견들은 종교적 경험과 영적 체험이 어떻게 뇌 활동과 연결되는지 놀라운 사실들을 밝혀내고 있다.

신을 향한 내비게이션- God Spot

'신을 경험하는 뇌의 부위가 있을까?' 과학자들은 오랫동안 이 질문에 답하기 위해 연구해 왔다. 처음에는 뇌 속 특정 부위, 일명 '영성 영역(God Spot)'이 있다고 생각했다. 그러나 최근 연구들은 영적 경험이 단일 부위가 아닌 뇌 전체의 복잡한 네트워크와 관련되어 있음을 보여준다.

캐나다와 덴마크의 연구자들은 명상이나 기도를 할 때 뇌의 여러 부위가 특별한 방식으로 활성화된다는 사실을 발견했다. 특히 명상이 깊어질 때 두정엽이라는 부위의 활동이 변화하며, 이때 사람들은 자아와 우주의 경계가 흐려지는 경험을 한다.

더 놀라운 사실은 영성과 종교성이 높은 사람들의 전두엽 피질이 더 두껍다는 것이다. 전두엽은 우리의 자기 인식과 의사 결정 능력을 담당하는 부위로, 이는 영적 수행이 뇌의 실제 구조에 영향을 미칠 수 있음을 보여 준다.

영성 지능: 제3의 지능

'우리는 왜 태어났는가? 삶의 목적은 무엇인가?' 이런 근본적인 질문은 누구나 한 번쯤 품어 본다. 이러한 의문은 단순한 호기심이 아니라 우리 내면에 존재하는 '영성 지능(SQ)'의 발현이다.

심리학자 하워드 가드너는 인간의 지능이 단순히 IQ만으로 측정될 수 없다고 주장했다. 그는 언어 지능, 음악 지능 등 다양한 지능 유형을 제시하며, 그중 하나로 '영적 지능'을 포함시켰다. 이는 삶의 의미와 목적에 관한 질문을 탐구하는 능력이다.

신경학자들의 연구에 따르면, 우리 뇌는 외부 자극을 받을 때 신경 세포들이 특별한 진동을 일으켜 경험을 의미 있게 만든다. 깊은 감동을 받거나 강한 영감을 느낄 때, 우리 뇌에서는 평소와 다른 특별한 활동이 일어난다.

영국의 다나 조하르 교수팀은 초월적 경험이나 깊은 명상 상태에서 뇌의 특정 부위가 활성화되는 것을 확인했다. 영성이 발달한 사람들은 깊은 내적 성찰 능력을 가지고, 영감을 잘 받으며, 타인과 깊이 공감하는 특징을 보인다. 이는 전두엽이 활발하게 기능하는 상태다.

사랑하기 위해 만들어진 뇌

우리의 뇌는 긍정적 감정과 사회적 연결에 특별히 반응하도록 발달해 왔다. 신경과학 연구에 따르면, 뇌는 긍정적인 생각을 할 때 더 효율적으로 작동한다. 이는 인간이 본질적으로 연결과 유대를 추구하는 존재로 진화했음을 보여 준다.

우리에게는 자유의지가 있어 어떤 생각을 할지 선택할 수 있다. 놀랍게도 지속적인 긍정적 사고는 약 3주 만에 뇌의 신경 연결 패턴을 변화시킬 수 있다. 긍정적인 생각은 건강한 신경 회로를 형성하고, 전두엽은 이를 통해 감정을 조절하여 내적 평화를 가져온다.

최근 연구에서는 사랑과 공감의 감정이 '옥시토신'이라는 특별한 물질의 분비를 촉진한다는 사실이 밝혀졌다. 이 호르몬은 신뢰와 결속감을 높이고 스트레스를 감소시킨다. 또한 타인을 돕는 행위는 뇌의 보상 체계를 활성화시켜, 우리가 더 많은 선행을 하도록 동기를 부여한다.

> **생각해 보기**
>
> - 나는 삶의 목적과 의미에 대해 얼마나 깊이 고민하고 있는가?
> - 내 뇌의 전두엽 기능을 높이기 위해 어떤 활동을 해 볼 수 있을까?
> - 영성 지능(SQ)을 발달시키기 위해 일상에서 실천할 수 있는 작은 습관은 무엇일까?
> - 내 삶에서 가장 강한 영감을 받은 순간은 언제였으며, 그때 어떤 감정을 느꼈는가?

깨달음 한 조각

　영성은 우리 뇌에 내재된 고유한 능력이다. 최신 신경과학 연구는 명상, 깊은 사색, 초월적 경험이 뇌의 특정 영역과 관련되어 있음을 보여 준다. 이는 인간이 의미를 추구하는 존재로 설계되었음을 시사한다.

　1%의 영감이 99%의 노력보다 더 큰 변화를 만들어 낼 수 있는 이유는 영감이 우리 뇌 전체를 한꺼번에 활성화시키기 때문이다. 오늘 하루, 삶의 의미를 찾는 여정이 곧 우리 안에 있는 가장 깊은 잠재력을 발견하는 과정임을 기억하자. 그 여정을 통해 우리는 더 높은 차원의 의식과 지혜에 다가갈 수 있다.

미래의 인간과 기술:
영성의 새로운 지평

우리 인류는 끊임없이 자신의 한계를 넘어서려는 꿈을 품어왔다. 21세기에 들어서면서 인공지능, 뇌-컴퓨터 연결 기술과 같은 혁신적 도구들이 등장하고 있다. 이는 '인간이란 무엇인가?'라는 근본적인 질문을 다시 던지게 한다.

초인간의 가능성: 기술의 약속과 위험

일론 머스크는 우주 기업 스페이스X, 뇌-컴퓨터 연결 회사 뉴럴링크, 인공지능 회사 OpenAI를 설립한 세계적인 기업가다. 그가 가장 경계하는 것은 바로 인공지능이다. 여러 인터뷰에서 그는 "AI가 인간을 뛰어넘는 시대가 온다. 이것은 피할 수 없는 미래다."라고 경고한다.

이에 대한 해결책으로 그는 인간과 AI의 연결을 제안한다. 그의 회사 뉴럴링크는 인간의 두뇌에 작은 칩을 심어 생각만으로 컴퓨터를 조작할 수 있게 하는 기술을 개발 중이다. 마치 스마트폰이 우리 손의 확장이 된 것처럼, 이 기술은 우리 뇌의 확장이 될 수 있다.

이런 기술은 이미 의학 분야에서 놀라운 성과를 보여 주고 있다. 미국 연구진은 전신마비 환자들이 생각만으로 로봇 팔을 움직이거나 컴퓨터를 조작할 수 있게 했다. 몸이 마음의 명령을 따르지 않는 사람들에게 이 기술은 새 삶의 문을 열어 주고 있다.

호모 데우스: 신이 되려는 인간의 꿈

역사학자 유발 하라리는 그의 책 『호모 데우스』에서 '신이 된 인간'의 미래를 그린다.

> "인간이 신을 발명할 때 역사는 시작되었고, 인간이 신이 될 때 역사는 끝날 것이다."

그는 유전자 조작과 인공지능 기술로 인류가 자신의 한계를 뛰어넘을 가능성을 탐구한다. 그가 말하는 '신이 된 인간'은 DNA 구조를 변형시켜 태어날 때부터 초인으로 설계된 존재, 혹은 인간과 인공지능의 융합을 통해 새로운 진화를 이룬 존재를 의미한다. 하라리의 이 말은 현재의 인류가 사라지고 새로운 형태의 존재가 나타날 수 있음을 암시한다. 이는 인간 정체성의 본질에 대한 심오한 질문을 제기한다.

유전자 편집 기술 CRISPR의 등장으로 인류는 자신의 유전 코드를 직접 수정할 수 있게 되었다. 이는 유전병 치료에 혁명을 가져올 수 있지만, 동시에 '디자이너 베이비'처럼 부모가 아이의 특성을 선택할 수 있는 윤리적 딜레마도 낳고 있다.

기술과 영성, 두 가지 초월의 길

과연 인간의 진화는 기술적 확장을 통해서만 이루어질 수 있을까? 많은 미래학자들이 AI 시대를 대비해야 한다고 주장하는 가운데, 우리는 내면의 영적 초월에 대해서도 생각해 볼 필요가 있다.

동서양의 영적 전통들은 오래전부터 '의식의 변환'과 '내적 성장'을 가르쳐 왔다. 이는 현대 뇌과학이 발견한 '신경가소성'과 놀랍도록 비슷하다. 우리의 뇌는 새로운 생각과 행동을 통해 스스로를 재창조할 수 있다. 부정적 패턴에서 벗어나 긍정적 회로를 발달시키는 과정은 마치 새로운 존재로 거듭나는 영적 변화와 같다.

외부 기술로 뇌를 확장하려는 시도와 달리, 내면의 길은 뇌에 이미 존재하는 무한한 잠재력을 깨우는 방향으로 나아간다. 벙어리가 말하게 하고 앉은뱅이가 걷게 하는 기술적 기적도 중요하지만, 자신의 내면에서 평화와 지혜를 찾는 기쁨 역시 인간 존재의 중요한 부분이다.

최근 연구에서는 명상과 영적 수행이 뇌의 구조를 변화시키고, 집중력, 공감 능력, 자기 인식을 향상시킨다는 사실이 밝혀졌다. 명상을 꾸준히 해 온 사람들의 뇌는 스트레스에 더 강하고, 주의력이 향상되며, 공감 능력이 더 발달한 것으로 나타났다.

두 가지 초월의 길은 서로 충돌하는 것이 아니라, 보완적일 수 있다. 기술이 우리의 외적 능력을 확장한다면, 영성은 우리의 내적 세계를 풍요롭게 한다. 미래의 인류는 이 두 가지 접근을 균형 있게 발전시켜 나갈 때 진정한 초월에 도달할 수 있을 것이다.

> **생각해 보기**
>
> ■ 인간의 한계를 넘어서려는 노력이 우리를 더 행복하게 만들 수 있다고 생각하는가?
> ■ 인공지능과의 융합이 인류에게 축복일까, 저주일까?
> ■ 당신이 꿈꾸는 미래의 모습은 어떤 형태인가?

깨달음 한 조각

진정한 초월은 외부의 기술이 아닌 내면의 깨달음에서 온다. 기계와의 융합만으로는 우리가 진정으로 찾는 내적 충만감을 얻을 수 없을 것이다. 미래를 두려워하지 말고, 현재의 선택에 집중하자. 우리가 미래에 무엇이 될지는 지금 우리가 무엇을 선택하느냐에 달려 있다.

가장 위대한 발명품은 스스로를 발명해 낸 인간 정신이다. 모든 기술적 진보의 핵심에는 우리의 꿈과 희망이 존재한다. 초월을 향한 여정은 결국 우리 자신의 가장 깊은 본질을 찾는 여정일지도 모른다.

플라톤의 동굴의 비유: 진실과 현실의 이해

동굴의 비유: 우리가 보는 세상은 진짜일까?

2,400년 전, 그리스 철학자 플라톤은 인간의 현실 인식에 관한 강력한 이야기를 들려주었다. 동굴 속에 갇힌 사람들의 이야기다. 상상해 보자. 어두운 동굴 속, 몇몇 사람들이 태어날 때부터 쇠사슬에 묶여 있다. 그들은 꼼짝 못 하고 동굴 벽만 바라보도록 강제되어 있다. 죄수들의 뒤쪽에는 불이 타오르고, 그 불빛 앞으로 다양한 물체들이 지나가며 벽에 그림자를 만든다. 죄수들에게 이 그림자가 전부다. 그들은 이것이 현실의 전부라고 믿는다. 어느 날, 한 죄수가 풀려나 동굴 밖으로 나간다. 처음에는 밝은 빛에 눈이 아프지만, 점차 적응하면서 이전에 그림자로만 보았던 물체들의 실체를 보게 된다. 태양과 자연의 아름다움을 경험한 그는 자신이 이전에 알았던 세계가 얼마나 제한적이었는지 깨닫는다.

우리도 동굴 속 죄수일까?

이 이야기는 단순한 우화가 아니다. 플라톤은 우리 모두가 어떤 의미에서 동굴 속 죄수와 같다고 말한다. 우리는 눈, 귀, 손으로 세상을 경험하지만, 이 감각 경험은 실재의 불완전한 그림자일 수 있다. 내 삶을 돌아보면, 나도 여러 차례 '동굴 속 죄수'와 같았다. 건강에 위기가 찾아오기 전, 나는 성공, 성취, 물질적 풍요라는 그림자만 좇고 있었다. 큰 사고와 질병을 겪으며 비로소 내 인식의 한계를 마주하게 되었고, 삶의 더 깊은 의미를 찾는 여정을 시작하게 되었다.

진실을 말해도 믿지 않는 사람들

동굴을 탈출한 죄수가 다시 동굴로 돌아와 바깥세상의 이야기를 들려주면 어떻게 될까? 플라톤은 동굴 안의 죄수들이 그의 이야기를 믿지 않고, 오히려 그를 미쳤다고 생각할 것이라고 말한다. 그들은 자신들이 아는 그림자 세계만이 진짜라고 믿기 때문이다.

역사를 보면 이런 일이 실제로 일어났다. 갈릴레오가 지구가 태양 주위를 돈다고 말했을 때, 사람들은 그를 이단자로 여겼다. 아인슈타인의 상대성 이론도 처음에는 무시당했다. 진실은 종종 기존의 편안한 믿음을 위협하기 때문이다.

불편한 진실을 찾아가는 용기

플라톤이 이 비유로 전하고 싶었던 핵심 메시지는 진정한 지식의 추구는 용기가 필요하다는 점이다. 동굴 밖으로 나가는 여정은 고통스럽고 어려울 수 있지만, 진실을 찾기 위한 필수 과정이다. 철학은 단순히 세상을 관찰하는 것이 아니라, 겉모습 너머의 본질을 찾는 여정이다. 그것은 익숙한 편안함을 버리고 미지의 세계로 모험을 떠나는 용기를 요구한다.

내가 경험한 깊은 건강의 위기는 내 '동굴 밖' 경험이었다. 처음에는 두려움과 혼란을 느꼈지만, 이 경험이 나에게 새로운 시각과 이해를 가져다주었음을 깨달았다. 고통은 때로 우리의 가장 큰 스승이 된다.

지혜란 무엇인가?

소크라테스가 "나는 내가 아무것도 알지 못한다는 것을 안다."라고 말했던 것처럼, 진정한 지혜의 시작은 자신의 무지를 인정하는 것이다. 우리 모두는 선입견, 편견, 제한된 경험의 쇠사슬에 묶여 있다. 지혜를 추구한다는 것은 이런 제약에서 벗어나 더 넓은 시각으로 세상을 바라보는 것이다.

현대 사회의 새로운 동굴

오늘날 우리의 '동굴'은 무엇일까? 스마트폰과 소셜 미디어가 만드는 세계는 어쩌면 현대판 동굴의 벽일지도 모른다. 소셜 미디어에서 우리는 타인의 삶의 완벽하게 편집된 버전만 보게 된다. 이는 마치 동굴의 그림자처럼 현실의 일부만 보여주는 왜곡된 표현이다. 또한 알고리즘은 우리가 이미 좋아하는 내용만 계속 보여 주며, 우리를 점점 더 좁은 정보의 동굴에 가두게 된다. 진정한 지혜는 많은 정보를 가진 것이 아니라 그 정보를 비판적으로 평가하는 능력에 있다. 현대 사회에서 동굴 밖으로 나간다는 것은 다양한 관점을 탐색하고, 자신의 믿음에 도전하며, 비판적 사고력을 키우는 것을 의미한다.

끝나지 않는 여정

플라톤의 동굴 비유는 2,400년이 지난 오늘날에도 강력한 메시지를 전한다. 그것은 우리에게 편안한 무지보다 때로는 불편할 수 있는 진실을 추구하라고 말한다. 중요한 점은 동굴 밖으로의 여정이 결코 끝나지 않는다는 것이다. 하나의 진실을 발견할 때마다 새로운 질문이 생겨나고, 더 깊은 탐구가 필요해진다. 진리 추구는 도착점이 아닌 계속되는 여정이다.

> **생각해 보기**
>
> - 현대 사회에서 우리를 가두는 '동굴의 쇠사슬'은 무엇일까? 어떤 선입견이나 편견이 우리의 진실 인식을 방해하고 있는가?
> - 당신이 중요한 진실을 발견했지만 주변 사람들이 이를 받아들이지 않을 때, 어떻게 소통할 것인가?
> - 자신의 삶에서 '동굴 밖으로 나가는' 경험을 한 적이 있는가? 그 경험이 당신의 삶에 어떤 변화를 가져왔는가?

깨달음 한 조각

플라톤의 동굴 비유는 진실 추구가 단순한 호기심이 아닌 삶의 근본적 변화를 요구하는 과정임을 알려 준다. 진정한 지혜는 익숙한 환경의 안락함을 버리고 미지의 세계로 나아가는 용기에서 시작된다. 동굴 밖의 세계를 경험한 후에는 이전으로 돌아갈 수 없다. 오히려 그 빛을 다른 이들과 나누는 책임을 갖게 된다. 이 여정은 때로 고통스럽고 외로울 수 있지만, 결국 우리를 더 깊은 이해와 자유로 이끄는 필수적인 과정이다. 오늘 당신은 어떤 '그림자에서 벗어나고 싶은가?

다른 차원의 이해와
지각의 확장

인식의 한계와 다른 차원의 존재

인간의 인식은 현실의 표면만을 스치는 한계를 지닌다. 우리가 살고 있는 세계는 우리의 감각이 포착할 수 있는 것보다 훨씬 더 깊고 넓은 차원으로 구성되어 있다. 다른 차원을 이해하고 지각을 확장할 때, 우리는 비로소 더 풍부하고 다층적인 실재를 경험할 수 있다.

차원적 인식의 한계

에드윈 애벗의 소설 『플랫랜드』에서는 2차원 세계에 사는 정사각형이 3차원의 개념을 접했을 때의 혼란과 깨달음을 그린다. 평면에 갇힌 존재는 '위'와 '아래'라는 개념 자체를 상상하기 어렵다. 마찬가지로 우리의 인식도 특정 차원에 갇혀 있을 가능성이 크다. 현대 물리학은 우리가 인식하는 3차원 공간과 시간 외에도 더 많은 차원이 존재할 수 있음을 시사한다.

육식(六識)과 통합적 지각

지각의 확장을 이해하는 한 방법으로, 불교에서 말하는 '육식(六識)'의 개념을 살펴볼 수 있다. 육식은 여섯 가지 의식으로, 눈, 귀, 코, 혀, 몸, 마음이라는 여섯 가지 감각 기관을 통해 세계를 인식하는 방식을 의미한다. 눈으로 보고, 귀로 듣고, 코로 냄새를 맡고, 혀로 맛보고, 몸으로 느끼고, 마음으로 생각한다. 흥미롭게도 한국어에서 이 모든 인식 행위가 '보다'라는 동사로 표현될 수 있다. 우리는 '영화를 보다', '음악을 들어 보다', '냄새를 맡아 보다', '맛을 보다', '감각을 느껴 보다', '생각을 해 보다'라고 말할 수 있다. 이는 우연이 아니라, 다양한 감각 경험이 모두 세계를 '인식'하는 방식임을 보여 준다. 진정한 지각은 이 모든 감각이 열려 있는 상태, 즉 세계를 다층적으로 경험하는 통합적 인식 상태를 의미한다.

인식 틀의 변화와 창의성

다른 차원의 이해는 기존 인식 틀을 벗어나는 것을 요구한다.

아인슈타인은 "문제를 만들어 낸 사고방식으로는 그 문제를 해결할 수 없다"고 말했다. 이러한 인식의 확장은 창의성의 원천이 된다. 스티브 잡스는 "창의성이란 그저 여러 경험을 연결하는 것이다."라고 말했으며, 물리학자 리처드 파인만은 "안다는 것과 이해한다는 것은 완전히 다르다"고 강조했다. 진정한 이해와 창의성은 개념적 지식을 넘어 직접적인 경험과 다양한 관점의 연결에서 비롯된다.

의식의 확장과 연결감

확장된 의식 상태에서는 자아와 세계의 구분이 흐려지고, 모든 존재와의 연결성을 경험하게 된다. 심리학자 매슬로우는 이를 '정점 경험'이라 불렀다. 이런 경험에서 사람들은 일상적 자아를 초월해 더 큰 전체와의 연결감을 느낀다. 신경과학 연구에 따르면, 깊은 명상이나 기도 상태에서는 자아와 외부 세계의 경계를 인식하는 뇌 부위의 활동이 감소한다. 이것이 자아와 세계의 경계가 흐려지는 경험과 연관될 수 있다.

> **생각해 보기**
>
> ▪ 내가 좁은 시각으로 상황을 본 적이 있는가? 그때와 다른 관점으로 보니 무엇이 달라졌나?
> ▪ 평소 가장 많이 사용하는 감각은 무엇인가? 덜 사용하는 감각을 더 활용하면 어떤 경험이 달라질까?
> ▪ 내가 '몰입'을 경험한 순간은 언제인가? 그때 시간과 자아에 대한 인식이 어떻게 변했는가?

깨달음 한 조각

다른 차원의 이해와 지각의 확장은 단순한 지적 호기심이 아닌, 존재의 본질에 더 가까이 다가가는 여정이다. 우리는 다양한 감각을 통해 세계를 '보는' 능력을 타고났으며, 이러한 지각을 확장할 때 더 풍부한 현실을 경험할 수 있다. 기존 사고의 틀을 벗어나는 용기를 낼 때, 우리는 더 깊은 연결감과 창조적 통찰을 얻으며 인간 경험의 더 풍부한 차원으로 나아갈 수 있다.

새로운 관점으로
삶을 바라보기

우리의 삶은 세상을 바라보는 관점에 의해 형성된다. 동일한 상황에서도 어떤 렌즈로 보느냐에 따라 전혀 다른 현실을 경험하게 된다. 새로운 관점으로 삶을 바라본다는 것은 단순히 긍정적으로 생각하자는 피상적인 권유가 아니라, 존재의 근본적인 변화와 깊은 인식의 전환을 의미한다.

고정 관념의 동굴

인간은 종종 자신의 고정 관념과 선입견의 동굴에 갇혀 살아간다. '영생'이라는 단어에 대한 반응을 생각해 보자. 많은 사람들은 이 단어를 들으면 즉각적으로 종교적 개념이나 미신으로 치부한다. 그러나 동일한 개념을 'Eternal life'라는 영어 표현으로 접한다면, 상대적으로 더 열린 마음으로 받아들이는 경우가 많다. 이는 단어 자체가 아니라 그 단어에 부여된 선입견 때문이다.

'이상함'의 가치

새로운 관점으로의 전환은 종종 우리에게 '이상하게' 보이는 것들을 통해 시작된다. SK의 '이상하자' 광고에서처럼, 처음에는 이상해 보이는 것들이 세상을 변화시키는 원동력이 된다. 시커먼 양재물 같은 커피는 처음 보는 사람들에게는 이상하고 마실 수 없는 것으로 여겨졌지만, 지금은 일상의 필수품이 되었다. 새로운 관점은 처음에는 낯설고 불편할 수 있지만, 그것이 바로 변화와 혁신의 시작점이다.

자기 존재에 대한 새로운 인식

우리는 종종 자신을 한계와 결핍의 관점에서 바라본다. '나는 능력이 없다', '나는 재능이 없다'와 같은 자기 인식은 우리의 가능성을 제한한다. 그러나 인간의 몸은 끊임없이 재생되고 갱신되는 존재다. 뼈는 7년마다 완전히 새롭게 바뀌고, 피부는 4주마다 새롭게 재생된다. 이런 관점에서 보면, 우리는 이미 지속적으로 변화하고 재창조되는 존재다. 자신을 기적 같은 존재로 인식하는 순간, 삶에 대한 태도가 근본적으로 변화한다. 새로운 관점은 타인과의 관계에도 깊은 영향을 미친다. 확장된 의식과 열린 마음을 가진 사람은 타인의 관점과 경험을 더 깊이 이해하고 공감할 수 있다. 마셜 로젠버그가 개발한 '비폭력 대화' 방식은 판단을 유보하고 열린 마음으로 소통하는 방법을 제시한다. 이는 관점의 차이를 존중하면서도 깊은 연결을 가능하게 한다.

삶의 의미와 목적 발견

새로운 관점으로 삶을 바라본다는 것은 의미와 목적에 대한 더 깊은 이해로 이어진다. 오스트리아의 정신과 의사 빅터 프랭클은 나치 수용소에서의 경험을 바탕으로 '로고테라피'를 발전시켰다. '로고스(Logos)'는 그리스어로 '의미'를 뜻하며, 로고테라피는 '의미를 통한 치유'라고 할 수 있다. 프랭클은 인간의 가장 근본적인 동기는 쾌락이나 권력이 아니라 삶의 의미를 찾는 것이라고 보았다. 그는 수용소에서 같은 환경에 처한 사람들 중에서도 삶에 의미를 부여할 수 있는 사람들이 더 높은 생존율을 보였다고 관찰했다. 즉, 어떤 상황에서도 의미를 찾을 수 있는 능력이 살아남을 힘이 되었던 것이다.

로고테라피에 따르면, 우리는 세 가지 방식으로 삶의 의미를 발견할 수 있다. 첫째, 무언가를 창조하거나 성취함으로써(창조적 가치), 둘째, 무언가를 경험하거나 누군가를 사랑함으로써(경험적 가치), 셋째, 피할 수 없는 고통에 대한 자신의 태도를 선택함으로써(태도적 가치)

다. 프랭클은 고통 속에서도 자신의 태도를 선택할 수 있는 자유가 있다고 주장했다. 이것이 바로 그가 말한 '마지막 자유'다.

생각해 보기

- 내 삶에서 한 가지 문제나 도전을 떠올려 보자. 이 상황을 지금과는 완전히 다른 관점에서 바라본다면 어떤 모습일까?
- 내가 자신에 대해 무의식적으로 믿고 있는 제한적 생각은 무엇일까? (예: '나는 창의적이지 않아') 이 믿음이 사실이라는 증거와 그렇지 않을 수 있는 증거는 무엇일까?
- 일상에서 '자동 조종 모드'로 하는 활동 하나를 선택해 완전히 새로운 방식으로 시도해 보면 어떨까? (예: 평소와 다른 경로로 출퇴근하기)

깨달음 한 조각

새로운 관점으로 삶을 바라본다는 것은 단순한 사고 변화가 아니라 존재 방식의 근본적 전환이다. 우리는 흔히 자신의 한계에 초점을 맞추지만, 실제로는 끊임없이 재생되고 갱신되는 역동적인 존재임을 깨달을 때 삶의 모든 차원이 변화한다. 처음에는 '이상하게' 보이는 생각들이 세상을 변화시키는 원동력이 되듯, 우리의 고정 관념을 벗어나는 용기가 새로운 가능성의 문을 연다.

우주의 신비와
과학자들의 깨달음

우주의 무한한 신비 속에서 인간은 끊임없이 질문을 던진다. 우리는 어디서 왔으며, 이 모든 것은 어떻게 시작되었는가? 흥미롭게도, 과학이 발전할수록 많은 위대한 과학자들이 오히려 창조주의 존재를 더욱 확신하게 되었다. 현대 과학의 발견들이 고대 성경의 기록과 놀랍도록 일치한다는 사실은 우리에게 큰 영감을 준다.

성경 속에 숨겨진 현대 과학의 비밀

3,500년 전, 청동기 시대에 기록된 성경의 욥기는 당시 상상조차 할 수 없었던 현대 과학적 지식을 담고 있다. '땅을 공간에 다시며' (욥 26:7)라는 구절은 우주 공간에 떠 있는 지구를 묘사하고 있다. 이는 지구가 어떤 받침대 위에 있다고 믿었던 고대인들의 관점과는 완전히 다른 시각이다. 태양의 공전에 대한 기록도 주목할 만하다. '해

는 그 방에서 나오는 신랑과 같고… 하늘 이 끝에서 나와서 하늘 저 끝까지 운행함이여'(시편 19:5)라는 구절은 태양이 은하를 중심으로 공전한다는 사실을 암시한다. 물의 순환 과정도 정확히 설명되어 있다. '그가 물을 가늘게 이끌어 올리신 즉 그것이 안개 되어 비를 이루고…' (욥 36:27)라는 구절은 현대 기상학의 물 순환 원리를 설명하고 있다. 이러한 사실들은 오늘날에는 과학적 상식이지만, 3,500년 전 고대인들에게는 상상도 할 수 없었던 지식이다. 어떻게 이런 정확한 과학적 지식이 그 시대에 기록될 수 있었을까?

위대한 과학자들의 신앙 고백

역사상 가장 위대한 과학자들 중 많은 이들이 자신의 과학적 발견이 오히려 창조주의 존재를 확신하게 만들었다고 고백했다. 물리학의 아버지라 불리는 아이작 뉴턴은 "태양과 행성들 그리고 혜성의 아름다운 체계는 이지적이고 능력 있는 분의 계획과 주관 아래서만 가능하다."라고 선언했다. 아인슈타인은 비록 전통적인 종교적 의미에서의 신을 믿지는 않았지만, "과학을 하면 할수록 자연에 대한 경외감이 생긴다"고 말했다. 그는 우주의 질서와 조화에 깊이 감탄했으며, "지식보다 중요한 것은 상상력이다. 상상력은 세상의 모든 것을 끌어안는다."라는 유명한 말을 남겼다. 바로크 음악의 거장 요한 세바스티안 바흐는 자신의 음악을 통해 신을 찬양했다. 그는 대부분의 작품

마지막에 '오직 하나님께 영광(Soli Deo Gloria)'이라는 문구를 적었으며, 그의 음악은 깊은 영적 경험을 제공한다. 바흐의 음악은 단순한 아름다움을 넘어 우주의 수학적 조화와 신성한 질서를 반영한다는 평가를 받는다.

영적 거듭남과 뇌과학

요한복음에서 예수님이 니고데모에게 "물과 성령으로 거듭나야 한다"고 말씀하신 것은 하나님의 말씀(물)으로 우리의 영혼이 깨끗해지고 하나님의 영(성령)을 받아 새로운 존재가 되는 것을 의미한다. 예수님은 제자들에게도 "너희는 내가 일러준 말로 이미 깨끗하였으니"(요한복음 15:3)라고 말씀하셨는데, 이는 말씀이 우리를 정결케 하는 능력이 있음을 보여 준다. 또한 시편 119:130에서는 "주의 말씀을 열므로 빛이 비치어 우둔한 자에게 깨달음을 주나이다"라고 하여, 말씀을 깨달은 자가 변화된다는 진리를 알려 준다. 이러한 영적 진리는 현대 신경과학의 관점에서 보면, 우리의 뇌가 새로운 정보와 경험에 의해 재구성되는 신경가소성과 맞닿아 있다. 하나님의 말씀을 읽고 묵상할 때 우리의 사고방식과 행동 패턴이 변화되는 것은 영적인 변화일 뿐 아니라 뇌의 신경 회로가 실제로 재구성되는 과학적 현상이기도 하다. 최근의 연구에 따르면, 성경 읽기와 묵상과 같은 영적 활동은 뇌의 전두엽을 활성화시키고, 내적 평화와 스트레스 감소에 도움을 준다고 한다. 전두엽은 특히 의사 결정, 도덕적 판단, 자기 통제 등 '더 높은 사고 기능'을 담당하는 부위로, 영적 활동을 통해 이 부분이 강화됨으로써 우리의 인격과 행동에도 변화가 일어난다. 이처럼 "너희가 그 은혜에 의하여 믿음으로 말미암아 구원을 받았으니"(에베소서 2:8)라는 말씀과 같이, 하나님의 말씀을 믿고 받아들이는 과정은 우리의 영혼뿐만 아니라 육체적 차원에서도 실제적인 치유와 변화를 가져오는 것이다. 이는 고대의 영적 수행법이 현대 뇌과학적 관점에서도 효과적임을 보여 주는 놀라운 증거다.

철학자들의 신에 대한 이해

역사적으로 많은 철학자들도 신의 존재와 그 의미에 대해 깊이 고찰했다. 아우구스티누스는 악이 그 자체로 존재하는 것이 아니라 선의 결핍이라고 보았다. 그는 자신의 신정론(神正論)에서 전능하고 전선한 신이 어떻게 악의 존재를 용납하는가에 대한 답을 제시했다. 그에 따르면 악은 인간의 자유 의지 남용에서 비롯된 결과다. 토마스 아퀴나스는 이를 더 발전시켜 신의 창조에는 부족함이 없으며, 악은 인간의 도덕적 선택에 따라 신으로부터 멀어진 결과라고 설명했다. 그는 과학적 지식과 신앙이 궁극적으로 조화를 이룬다고 믿었으며, 이성을 통해 신의 존재를 증명하려 했다.

현대 물리학과 우주의 신비

현대 물리학의 발전은 신비로운 우주의 모습을 더욱 생생하게 보여 준다. 아인슈타인의 상대성 이론, 양자역학의 발견은 우리가 생각했던 것보다 훨씬 더 복잡하고 신비로운 우주의 모습을 드러냈다. 특히 빅뱅 이론은 "태초에 하나님이 천지를 창조하시니라"는 창세기의 첫 구절과 놀랍도록 일치한다. 이론물리학자 프랭크 티플러는 양자물리학과 상대성 이론의 발전이 결국 신의 존재에 대한 과학적 증거로 이어진다고 주장했다. 그는 "우주의 정밀한 조율은 우연일 수 없다"고 말했다.

생각해 보기

- 현대 과학의 발견들이 고대 성경의 기록과 일치하는 현상을 어떻게 설명할 수 있을까?
- 왜 많은 위대한 과학자들이 자신의 연구를 통해 오히려 창조주의 존재를 확신하게 되었을까?
- 과학과 신앙은 정말 대립하는 개념인가, 아니면 서로를 보완하는 관계인가?
- 현대 물리학의 발견들은 우주와 인간 존재의 의미에 대해 어떤 새로운 관점을 제시하는가?

깨달음 한 조각

과학은 우주의 작동 방식을 설명하지만, 신앙은 그 이유를 알려 준다. 현대 과학이 발견한 사실들이 오래된 성경의 기록과 일치한다는 점은 우연이 아닌 깊은 의미를 내포하고 있다. 인간의 모든 학문과 탐구가 깊어질수록 우리는 결국 모든 지혜의 근원인 창조주 앞에 서게 된다. 로마서 1장 20절에서 말하듯이, "창세로부터 그의 보이지 아니하는 것들 곧 그의 영원하신 능력과 신성이 그가 만드신 만물에 분명히 보여 알려졌나니 그러므로 그들이 핑계하지 못할지니라." 위대한 과학자들과 예술가들이 자신의 업적 속에서 신의 숨결을 느꼈듯이, 우리도 일상의 경이로움 속에서 창조주의 지혜를 발견할 수 있다. 진정한 지혜는 지식을 넘어 깨달음에 이르는 길이며, 우주의 질서와 아름다움 속에서 창조주의 지혜를 발견하는 것이 진정한 과학과 학문의 목적이다.

에필로그

　인생은 끊임없는 성장의 여정이다. 출발점과 종착점 사이에 놓인 무수한 선택과 만남 그리고 깨달음. 내가 걸어온 길을 돌아보면, 여행사에서의 좌절과 미국에서의 도전, 병마와의 싸움, 세 번의 교통사고까지. 모든 순간이 지금의 나를 만든 밑거름이었다.

　인간이 '만물의 영장'이라 불리는 데는 이유가 있다. 이 질문은 오랫동안 내 마음을 사로잡았다. 인간이 단순히 뛰어난 지능을 가졌기 때문만은 아니다. 우리 뇌 속, 860억 개의 뉴런이 만들어 내는 신경망은 우주의 은하계 구조와 놀랍도록 닮아 있다. 이 일치는 인간이 생물학적 존재를 넘어, 우주 그 자체를 품고 있다는 사실을 암시한다.

　인생의 가장 깊은 바닥에서, 나는 로마서 1장 20절의 말씀을 만났다.

"창세로부터 그의 보이지 아니하는 것들 곧 그의 영원하신 능력과 신성이 그 만드신 만물에 분명히 보여 알게 되나니 그러므로 저희가 핑계치 못할지니라"

이 말씀은 내 안에 신의 설계도를 강렬하게 일깨웠다. 내가 탐구해 온 뇌의 신비, 우주와의 연결, 모든 생명의 패턴은 우연이 아니라 창조주의 손길이었다.

첫 번째 대수술 후에는 좁은 공간에서도 생명력을 잃지 않는 한 그루 나무를 보며, 주어진 환경 속에서 최선을 다하는 법을 배웠다. 두 번째 대수술 후에는 '진인사대천명(盡人事待天命)'의 의미를 깨달았다. 최선을 다하되, 결과는 하늘에 맡기는 지혜였다. 연달아 겪은 세 번의 교통사고는 내 이마에 마음 심(心) 자 상처를 남겼고, 그것이 내 영적 여정의 시작이 되었다.

가장 힘들었던 그 바닥에서 나를 일으킨 것은 하나님의 말씀이었다. 그전까지 나는 동서양의 다양한 종교와 철학을 탐구했지만, 진정한 해답을 찾지 못했다. 성경을 통해 내가 찾던 모든 답이 이미 그 안에 있음을 깨달았다. 내가 연구하고 배웠던 뇌과학, 우주의 구조, 인간의 본성에 관한 모든 지식이 이미 창조의 순간부터 계획되어 있었다.

물질주의 시대를 살아가며 우리는 종종 내면의 목소리를 잃는다. 나 역시 그랬다. 끊임없는 정보의 홍수와 경쟁 속에서 '왜 살아가는가?'라는 근본적인 질문을 잊고 살았다. 그러나 이 질문은 결코 사라지지 않았다. 내 경험에 비추어 볼 때, 우리 모두의 내면에는 이 질문에 대한 답을 찾고자 하는 갈망이 있다.

AI 시대가 다가오면서, 나는 새로운 도전에 직면하고 있다. 독자들도 마찬가지일 것이다. 기술은 빠르게 발전하지만, 그것만으로는 존재의 의미를 충족시킬 수 없다. 이제 우리에게 필요한 것은 지능 지수(IQ)나 감성 지수(EQ)를 넘어선 영성 지수(SQ)다. 그리고 이 영성 지수의 핵심에는 자신 안에 있는 신성을 발견하는 데 있다.

나는 평범한 인문학 강사다. 그러나 고통과 깨달음의 여정 속에서 하나의 확신을 얻었다. 우리 모두는 눈에 보이는 차원을 넘어 한 차원 높은 영적 세계로 나아갈 수 있는 잠재력을 가지고 있다. 이것은 단순히 종교적 믿음의 문제가 아니다. 과학이 밝혀낸 우리 뇌의 구조, 우주와의 연결성, 인간 의식의 특별함은 우리 안에 신성이 내재되어 있음을 보여 주는 증거다.

인간은 근본적으로 영원을 꿈꾸는 존재다. 내가 병마와 싸우며 깨달은 것은, 진정한 영생은 육체의 지속이 아니라 영혼의 깨달음에 있다는 사실이다. 우리가 우주와 연결되어 있다는 인식, 모든 존재가 상호 의존적이라는 깨달음이 바로 영원의 문을 여는 열쇠다. 그리고 이 모든 것의 중심에는 창조주의 설계도가 있다.

독자들에게 간절히 전하고 싶은 말이 있다. 희망을 품고 더 나은 세계로 나아가고 싶다면, 먼저 자신 안에 있는 신성을 발견해야 한다. 우리는 단순한 육체적 존재가 아니다. 우리 안에는 우주가 있고, 그 우주를 설계한 창조주의 지혜가 담겨 있다. 이것을 깨달을 때, 어떤 어려움도 극복할 수 있는 내적 힘을 발견하게 된다.

내 여정은 아직 끝나지 않았다. 앞으로도 많은 도전과 시련이 있겠지만, 이제 나는 두렵지 않다. 내 안에, 그리고 독자들 안에 신이 함께하고 있음을 알기 때문이다. 모든 고통과 기쁨, 성공과 실패가 의미 있는 신의 계획의 일부임을 이제는 알고 있다.

당신은 어떤 여정을 걷고 있는가? 어둠 속에서 자신만의 별을 찾고 있는가? 기억해야 한다. 우리는 모두 별이 되기 위해 태어났다. 그리고 그 빛은 이미 당신 안에 있다.

이제 새로운 여정을 시작할 시간이다. 한 차원 높은 영적 세계로 나아가는 여정이다. 자신의 내면에 귀 기울이고, 우주의 신비를 탐구하며, 그 안에서 창조주의 손길을 발견하는 여정이다. 이 책『운명을 넘어 삶을 다시 쓰다』는 바로 그 여정의 이야기다. 절망의 끝에서 희망을 발견한 한 사람의 진솔한 고백이자, 당신 역시 삶을 다시 쓸 수 있다는 따뜻한 격려다. 함께 그 길을 걸어가자. 당신의 마음이 열리고, 당신의 삶이 새롭게 쓰이기를 간절히 바란다.